契約率76.2%

営業即アポ

6万5026時間の
会話分析からわかった！

堀口龍介
株式会社即決営業 代表
セールストーク分析の“鬼”

ぱる出版

ガムシャラにやらないと
アポが取れないなんて
そんなことないです。

はじめに

6万5026時間の会話分析からわかった「即・アポ」メソッド

ほとんどの営業が、最初にぶつかる壁があります。それが「アポ取り」です。


「アポが取れない」

「キャンセルが多い」

「成約にならない」

「電話をかける先がない」

「営業に向いていないのかも」


私は20年以上営業の世界にいますが、数週間のアポ取りで心が折れて、現場に出る前に営業を諦めてしまう営業を、数え切れないほど見てきました。

「ここを乗り越えれば、もっと成長して営業の楽しさを知ることができるのに」

と、何度悔しい思いをしたかしれません。

でも、ご安心ください。

今はもう、電話帳の番号を片端から乱れ打ちしていた「根性営業」の時代ではありません。足で稼ぐ時代でもありません。**コスパよくアポや契約を取る、「効率営業」の時代です。**

本書でお伝えする「アポ取りメソッド」をマスターしていただければ**どなたでも、すぐに、ラクに、契約に直結するアポを取ることができる**でしょう。それぐらい即効性のある内容になっています。

アポは3回押すと、獲得率が8・2倍になる

なぜ、本書のメソッドはそこまで効果が高いのでしょうか？

それは、**このメソッドが6万時間を超える会話分析の結果から、科学的アプローチで作りだしたもの**だからです。

私の会社では、2011年1月から、本書を書いている2019年9月までの8年9ヶ月（105ヶ月）分の、総テレアポコール数は、1094万1459件、総会話数は400万4570件、総会話時間数は6万5026・178時間でした。

私はその分析結果に脳科学や心理学の手法を加えて、究極の「即アポ」メソッドを作り上げました。

根性、トークセンス、人柄などの個人的な資質に頼らず、最も契約につながるメソッド

です。

一例を挙げてみましょう。次ページの図をご覧ください。

本書では、「アポ取りは3回押せ」と書いていますが、これも私の勘だけにたよったものではありません。**会話分析の結果、3回訴求することが一番効果的だから、そうお伝えしている**のです（詳細3章）。

またデータ分析は、アポ取りにおいてだけでなく、他の領域でも同様に行っています。

たとえば私は自分の会社に「即決営業」と名付けるほど、クロージングで「即決」にこだわっていますが、これもデータ分析の結果です。

私が経営する訪問販売会社で5年分の商談データを分析した結果、一度でもお客様の、

「考えます」

を受け入れたら、後日、契約になる確率は5％以下になることがわかりました。

ちなみに、私がこれまで関わってきた不動産、生命保険、ＯＡ機器販売、エステ、ホームページ制作会社など、**新規開拓、ＢｔｏＢ、ＢｔｏＣなど問わず、その他すべての会社を合わせた平均でも13％以下**でした。

0訴求と比べ、3訴求は設定件数が40から327と8.2倍に

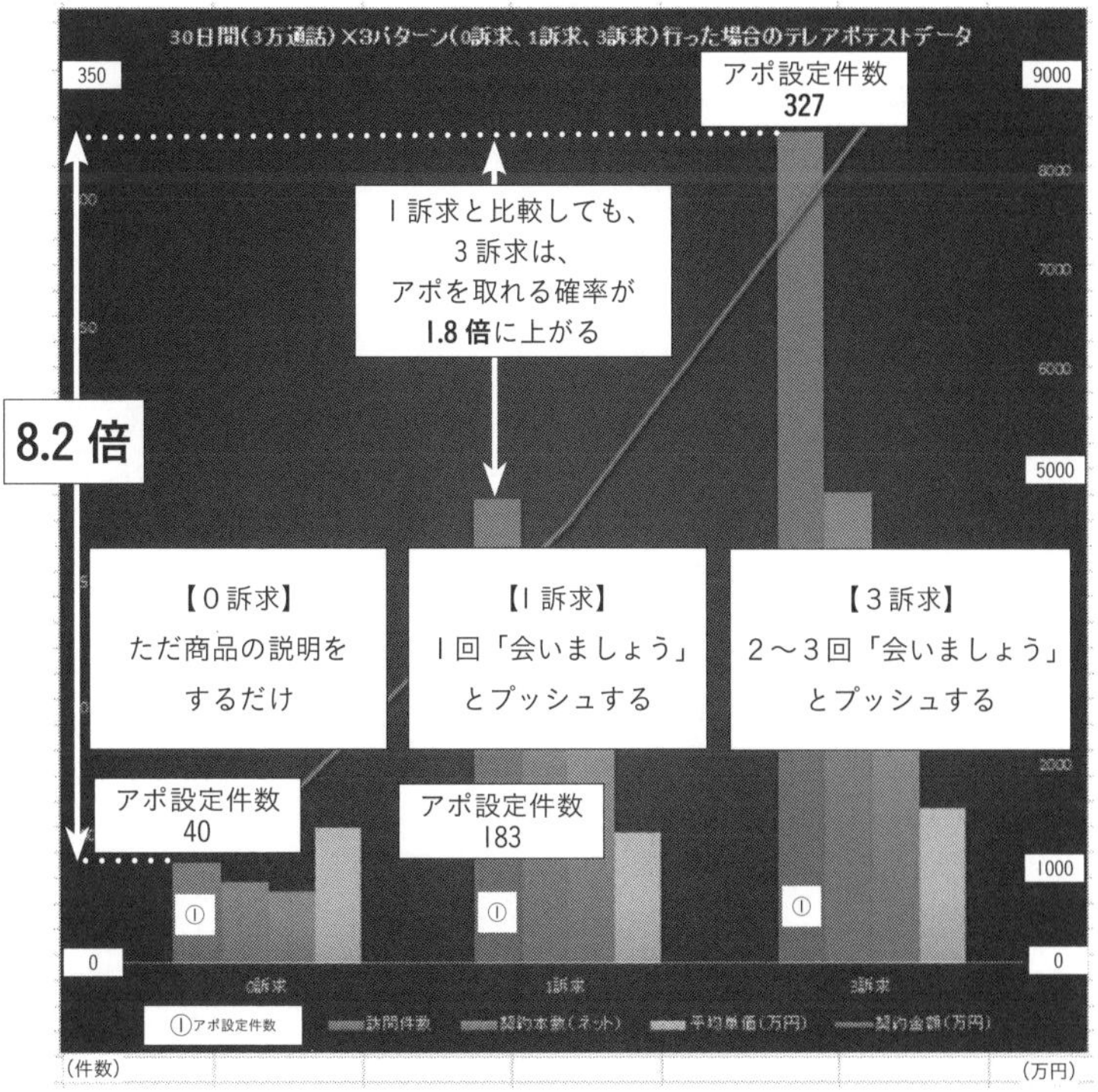

0訴求			1訴求			3訴求		
通話件数	30000	割合	通話件数	30000	割合	通話件数	30000	割合
アポ設定件数	40	0.132%	アポ設定件数	183	0.609%	アポ設定件数	327	1.089%
訪問件数	32	80%	訪問件数	111	61%	訪問件数	185	57%
契約本数(ネット)	28	88%	契約本数(ネット)	87	78%	契約本数(ネット)	141	76%
平均単価(万円)	53.4		平均単価(万円)	51.1		平均単価(万円)	60.7	
契約金額(万円)	1495		契約金額(万円)	4446		契約金額(万円)	8559	

つまり、一度でもお客様の「考えます」を受け入れたら、その営業は成約率13％以下の売れない営業になってしまうということです。

だから、お客様の「考えます」をどう攻略するかが、重要なのです（2章）。

アポを取る。それ自体に意味はない理由

飛びこみ、メール、お問い合わせフォーム、SNSメッセージ、申込サイト・イベントからの誘導……アポといっても、いろいろありますが、本書でおすすめするのはテレアポです。理由の詳細は1章冒頭に譲りますが、ここでは、アポ取りにおける「ターゲット」を定義しておきます。

さて、あなたなら、どんな人からアポを取りたいですか？

ここまで、アポ、アポと言ってきましたが、アポを取ること自体は、営業の目的ではありません。アポを多く取る。それ自体に意味はないのです。

実は、「1本でも多くアポを取るぞ！」という使命感が強い人ほど、間違った相手をターゲットにしてしまう傾向があります。

間違った相手とは、「アポが取りやすい相手」です。NOと言えないタイプの人や、ノリが軽くて調子がいい人などは、一度はアポにOKしてくれるかもしれません。

しかし、「ただ断れないだけ」「いい顔をしたいだけ」だったら、ターゲットとしてはどうでしょうか。

もうおわかりですね。**あなたがアポを取るべき相手は、「契約が取れる相手」**のことです。これが、アポ取りにおける「ターゲット」の定義。

もちろん、誰彼かまわずアポを取ったとしても、会って話すことができれば、成約の可能性はゼロではありません。でも、営業にとって商談とは、時間的にも精神的にも大きなコストがかかるもの。契約になりづらい商談を行えば行うほど、契約になるお客様に使う時間が失われてしまいます。

ですから、アポを取る段階で、いかに客観的にターゲットをふるいにかけ、そして**当日のクロージングを助ける伏線を張るかが、腕の見せどころ**です。

実際、経験3年以上の弊社営業スタッフ契約率は、**76・2%**（商談回数185回、契約数141本）です。

「えっ！　サンプル数が少ないですって！」

わかりました。では、研修・新人スタッフを含めてしまうのですが、全スタッフ・全商談のデータ結果（集計期間2011年1月～2019年9月）も出しましょう。

そうなると契約率は、商談回数1万703回、契約数5711本なので、**53・4%**。

どうですか？　下がったとはいえ、**100回会ったら53本の契約が取れている**のです。

この数字を「低い」と思ったのならば、しょうがありません。本書は閉じてください。でももし、「いや、それでも53%は高い。スゴい」と思ったのなら話を聞いてください。

Webマーケ→即アポ→即決クロージング

さて、では、どうすれば質のいいアポが効率よく取れるのでしょうか。私はアポインターの育成を通して、長年そのことを研究してきました。そしてついに、質のいいアポを飛躍的に取れる、究極の方法にたどり着いたのです。

それが**Webマーケティング**です！　契約につながる見込みの高いお客様を、Webマーケを使ってスクリーニング。それから、そのお客様にアポをかけて会う。そして、即決をせまるクロージング。

ネットで見込み客を獲得
←
サクッとアポを取って
←
即決クロージングでとどめ

これは、営業において最強の仕組みだと、私は思っています。

「マーケティングなんて、大企業とかがやるものなんじゃないの？　自分にできるとは思えない」

そう思った方、ご安心を。

個人でもできる、超カンタンなWebマーケの方法をゼロから教えますから。実際、弊社の営業も、ＳＮＳすらやったことのないネット音痴ばかりでしたが、問題なく使いこなせています。

「出社したら、ひたすら電話をかける毎日。マーケティングなんてしてるヒマないって」

そういう方にも、本書は絶対役に立ちます。

もちろん、見込み客に対してアポ取りを行うのが、一番効率的だと思います。

ただ、**マーケティングによるスクリーニングなしでも、本書の会話技術を学ぶだけで、アポ取りの件数は飛躍的に増える**でしょう。

何度も言いますが、本書の会話技術はデータを解析した結果、現時点でのベストな方法としてお伝えしていることです。**私の体験や勘に拠《よ》っているのでは、ありません**。

「この言葉を使ったら、契約率は上がるか下がるか」

「お客様のこの返しには、どう応えるのが有効か」

そういった地道な実験とフィードバックを、気の遠くなるほど繰り返した結果、たどりついた再現性のある技術なのです。だから、誰でも身につけられます。

「いい本」ではなく「良質のアポが取れまくる本」

話は変わりますが、あなたは異性に「いい人」と言われることが好きですか？

私は嫌いです。

だって、「いい人」って恋愛的には「どーでもいい人」になりがちだから。

私が営業研修で、

「アポは3回押さなければいけない」

「お客様の『考えます』を退《しりぞ》けて、即決をせまることが大事」


というと、抵抗を感じる人が多いようです。みんな「いい人」と思われたいのでしょう。

そういう人はまず0章で、「友好営業と敵対（抵抗）営業」の違いを学んでください。

そしてさっそく、1～2章で具体的な「即アポ」「即決クロージング」のメソッドを学んでいきましょう。

3章では、リーダー向けになりますが、会話分析の具体的な方法を。
4〜5章では、アポのターゲットとなる「見込み客」を絞りこむ、個人でも超カンタンにできるWebマーケティング法を伝授します。

本書は、

「営業は、お客様の気持ちに寄り添うことが、何より大事です」

とか、**適当に「いいこと」を言って逃げません**。

だってそれだと、売れない営業になることは、データ分析の結果わかっているから。

私はこの本を「いい本」にしません。「どーでもいい本」にしません。

本書が目指すのは、**「いい本」ではなく、実際にこれを読んだ人が「良質なアポを取れて、契約が取れるようになる本」**。

そのことに、頭からつま先までこだわって書きました。

「契約だけが営業なのか？」

そう言う方もいるでしょうが、なんだかんだ、営業って契約が取れれば楽しいですよ。

お約束します。

本書のメソッドを学べば、「あなたの営業人生が激変する」ことを。

前置きはここまで！　では、さっそく本編に進みましょう。

第2章
（控えめにいって）契約率53・4％「即決クロージング」技術

第3章

14年間「会話分析」してわかった「自己流」の限界

第4章

アポ取りを10倍ラクにする ネットで「見込み客」を取る方法

第0章

統計的にいって、
我々はお客様の「けっこうです」に
抵抗するべき

「友好営業」と「敵対営業」の違い受け入れてはいけないお客様の言葉とは

アポ取りを語る前に、即決営業流「セールスの基本」についてお伝えしておきたいと思います。

私が20年以上、営業を続けられているのも、この基本を守り続けているからです。あなたが営業を支えるアポインターの立場であっても、これは知っておいてください。まず、ひとつ質問です。セールスの目的とは何ですか？　答えは人によってさまざまだと思います。

・結果を出してやりがいを感じたい
・困っている人を助けたい
・社会貢献がしたい
・お客様の笑顔が見たい

このような目的の方もたくさんいるでしょう。何のために売るのか？　それはあなたの自由です。

しかしそもそもセールスというのは、ものを売ることです。「商売」という言葉を見てもわかるように、ビジネスは商品を売らなければ成り立ちません。

ですから、あなたが営業としてもっと成長したいと思うなら、「売ること」からはブレないようにしてください。

やりがいを感じることも、人助けも、社会貢献も、すべては商品を売った後でできることです。営業の役割は、たとえお客様に嫌われても、売ることなのです。

私が20年以上、数えきれないほどの営業と接してきた中で、断言できることがあります。

それは、売れない営業は皆、お客様に嫌われるのを恐れているということです。強く売り込みをかけることで、

「お客様が怒ったらどうしよう？」

「お客様に嫌われてしまったらどうしよう？」

などと、お客様の顔色ばかりを気にしています。

その結果、「売る」という本来の役割を忘れて、やるべきことを怠り、言うべきことを言えない、売れない営業になってしまうのです。

もしあなたが「売れない営業」になりたくないなら、自分が行っている「営業」という

仕事を、正しく理解する必要があります。

まず、営業のスタイルは、２種類に分かれます。「友好営業」と「敵対営業」です。

好かれれば売れる友好営業

「友好営業」とは、**販売員マインドで行う営業のことです。１００円ショップ、コンビニ、飲食店など、単価の安い商品を扱います。このような低単価商品を販売する店に営業がいないのは、クロージングが必要ないから**です。

代わりに、販売員と呼ばれる人たちがいて、お客様に友好的に接することで商品を売ります。販売員の研修でまず教わることは、お辞儀の角度や言葉使いなど、お客様に気持ちよくなってもらう技術です。

低単価商品は、お客様に嫌われなければ、勝手に売れていくからです。

相手に「恐怖」を与える敵対営業

友好営業に対して、車や不動産、生命保険、法人向けサービスなどの、高単価商品を扱うためのマインドが「敵対営業」です。「抵抗営業」とも呼びます。それは、お客様が営業の要求に抵抗してくるからです。

営業は、お客様に商品説明と料金説明を行い、最後に「この商品を買ってください」ということを要求します。この要求も営業の仕事の一部です。

しかし、この「買ってください」という要求に対して、お客様は恐怖を感じます。なぜ恐怖を感じるのか？　それは、命の次に大切な「お金」を失うことにつながるからです。

私たち営業が販売する商品は、ほとんどが高額なものです。数十万円から、数百万円する場合もあります。お客様にとって、高額商品を購入することは多額のお金を失うことと同じです。そのため、お客様は契約間際になると、営業の「買ってください」という要求に、次のように必死で抵抗してきます。

「社長に相談しないと」
「他社商品と比べてから」
「今すぐというわけではないので」
「経済的に余裕がないので」
「検討します」
「考えます」

など、**さまざまな言い訳で決断から逃げようとします**。ここで、あなたが嫌われることを恐れて、「考えます」というお客様の主張を通してしまうと、契約率は大幅に下がります。

営業はお客様の「抵抗」と戦ってナンボ

「はじめに」で述べた通り、アポ入れではお客様の「けっこうです」を乗り越えて、訴求しなければなりません。また、一度でもお客様の「考えます」を受け入れたら、その営業は成約率13％以下の売れない営業になってしまいます。

お客様の「けっこうです」「考えます」「検討します」を受け入れる営業のほとんどが、「お客様に嫌われたくない」と思っています。すると結局、自分に好意的なお客様からしか、契約が取れなくなります。

商談中に意気投合して、仲良くなれるお客様がいたとしても、それはたまたまです。**あなたが今後、トップ営業を目指していくのであれば、「好かれたい」という甘い気持ちを捨て、お客様の抵抗とは断固戦う**ようにしましょう。

この「敵対営業」＝「抵抗営業」というスタイルが、セールスの基本です。

これを頭に入れておくだけで、あなたのステージがぐんとアップします。

第1章

アポ獲得率を8.2倍にする科学的に正しい「即アポ」メソッド

なぜ、このネット全盛期に古典的なテレアポが一番強いのか？

さて、このネット全盛期に、なぜ古典的なテレアポをおすすめするのでしょうか？

それは、アポを取るにはテレアポが最も効率的だからです。

まず、**即決営業でいうアポの定義とは、①相手、②日時、③場所、④趣旨がすべて確定**していることです。

例えば、

「また来週、御社に伺いますので、詳しいお話を聞いてくださいね」

「わかりました」

と、このようなやり取りでは、弊社では「アポが入った」とは言えません。再度連絡を取らないことには、相手と確実に会うことができないからです。

アポ設定には、テレアポ以外にも、次のようなさまざまなやり方があります。

①飛びこみ訪問
②メール、お問い合わせフォーム

③FAX、チラシ、DM
④チャット営業
⑤申込サイト・イベントからの誘導

しかし、相手、日時、場所、趣旨の4つを確定するために、私はテレアポを強くおすすめします。それはどうしてなのか？　他のアポ取得方法を解説しながら、テレアポと比較検証していきます。

①メンタルは強くなる「飛びこみ訪問」

これは、各営業が、割り当てられたエリア内の会社やご家庭を一軒ずつ訪問していくという昔ながらのやり方です。

私も散々やってきたのでよくわかりますが、**無駄足が多く、時間と体力を消耗**します。ご近所付き合いなどで人と人とのつながりが深かった昔とは違って、今は見知らぬ人が訪ねてくると警戒される時代です。

まれに会話が弾んだとしても、あなたの商品に何の興味もない可能性が高く、決裁者に会えるとも限りません。初日に名刺だけでも渡して、後日、訪問を繰り返せばアポや商品説明につながることはありますが、可能性は高くありません。

門前払いは当たり前、怒鳴りつけられたり、マンションの出入りを禁止されたり、警察を呼ばれることもありますので、メンタルを鍛えるトレーニングとしては役立ちます。

②「メール」「お問い合わせフォーム」は1万件に1本

これは、ターゲットになりそうな企業のメールアドレスやお問い合わせフォームを探しては、自社のサービスを紹介する営業メールを送り、

「よかったら一度、お話を聞いていただけませんか？」

「興味を持っていただけたら、一度ご連絡ください」

などと締めくくるやり方です。

メールを送った後で電話をかけていくならテレアポですが、基本は相手からの連絡を待つスタイルです。100件や1000件程度の配信では反応が見込めないため、何万件もの配信先を探すことになります。

運よく1万件に1本の問い合わせが入ったとして、そこから改めてアポ設定を始めなければなりません。

そもそも文章は、一瞬で理解できる絵や写真とは違って、読む側の時間やエネルギーを

奪います。これを専門用語で「認知コストがかかる」と言います。ですから、内容に興味がある人にしか効果を発揮しないのです。

BtoB営業などで、1件の契約金額が相当大きい場合を除き、多くのアポを確実に取るには、メール営業にはあまり期待しないようにしましょう。

③FAX、チラシ、DMの反応は「万三つ」以下

これは、一方的に商品情報を送って相手の連絡を待つという点では、②と同じです。ただ、上手く写真やイラストを使えば、パッと見て一目で理解ができるため、「認知コスト」はメールよりも低くなります。

例えばトラクターなどの有形商品でお得感があれば、ちょうどその商品を探していた「今すぐ客」からの反応が得られる可能性はあります。

しかし、マーケティング業界には「せんみつ」という言葉があります。バナー広告のクリック率は千に三つ、つまり平均0・3％ぐらいだということです。

チラシやDMなどの反応率はさらに低い「万三つ」だと思っておかなければなりません。

実際、水回りのトラブルの修理業者を行っている私の友人も、**1万枚のチラシを撒いて**

3件反応があればいい方だと言います。

ましてや、もっと高額な商品や無形のサービスを扱う場合、このやり方だとアポ取りが難しいことは想像に難くないでしょう。

④「チャット営業」は相手のペースにはまる

これは、ネット時代ならではのFacebookやLINEの個別メッセージで、アポを取るという方法です。

メール営業との違いは、SNSのいいねやコメントを通じて、まず信頼関係を築き、相手の関心事を把握することができるということです。

そして時機を見て、1対1の個別メッセージを開始し、「一度会ってお話しませんか?」などと言って、アポを取っていきます。

これを「チャット営業」と言います。若者はネット慣れしていて、このやり方が上手い人は大勢います。

でも、アポはそれほど取れていないのが現状です。なぜなら文字のやりとりでは、こちらのペースで話を進められないからです。何日も既読スルーになったり、話をそらされたり、逆にこちらがすぐに対応できないこともあります。さらにうっとうしいと思われてブロックされたら、すべてが水の泡です。

一方、電話ならお互いが時間を共有しているため、会話によって相手の気持ちをほぐしながら商品への興味をひくこともできますし、相手の断り文句に対して即座に応酬することもできます。

結局チャット営業では、よほど前向きな相手でないと、どこかで返信がなくなり、アポまで導けません。その他、相手の身元がわからない、アポが入っても簡単にすっぽかされるなどのデメリットがあります。

ＳＮＳメッセージのやりとりは、情報収集や初期の人間関係を築くにはとても役立ちますが、アポ取りのとどめは電話にかないません。

⑤集客力があれば「申込サイト・イベントからの誘導」は有効

まず無料イベントやお茶会を企画して、ポータルサイトやＨＰにアップし、申し込んでくれる参加者を募ります。そして、当日参加してくれた人たちに商品説明などを行い、興味のある人からアポを取るというやり方です。

しかし、知名度の高い大企業とは異なり、中小企業や個人でイベントを成功させるには、ある程度の実績が必要になります。イベントへの集客ができなければ、話にならないからです。

一方で、自らイベントに参加する人は、商品やサービスへの関心が高いため、アポは取りやすいといえます。**すでに集客力を持っている場合は、有効な方法**です。

以上の5つが、テレアポを除く代表的なアポ取得方法です。私の会社では、すべてを実践して検証した結果、「テレアポ」を最も効率の良い方法だと確信し、テレアポをメインにアポ取りを行っています。

もちろんテレアポ以外の方法も、それぞれの長所があるので併用していますが、最後のアポ取りは必ず電話で行います。以下にそのメリットをまとめておきます。

・短時間で多くの人にアタックできる
・会話の主導権を握れる
・欲しい情報をヒヤリングできる
・信頼関係を築きやすい
・契約が取れる相手かどうかを判別しやすい
・断り文句に対して応酬話法が使える
・アポのキャンセル率が低め

まとめると、ファーストコンタクトに電話以外を使うのはいいかもしれません。

でも、とどめは電話が一番。なぜなら、相手、日時、場所、趣旨を確定させやすいのは、電話だからです。

アポ力を劇的に高める実践時の3つの心構え

では、さっそくテレアポ実践編に入っていきます。

まずは、この3つの心構えを身につけてください。

①アポ訴求数を増やす
②一定のパフォーマンスを続ける
③アファメーションでなりきる

これは、あなたのテレアポ力を格段に高めてくれる「テレアポ・トライアングル」です。

以下、詳しく説明します。

①アポ入れマシーンとなって、アポ訴求数を増やす

　これは単に、電話をかける相手の数を増やすことではありません。なるべくたくさんの相手に、アポ設定を挑むことです。何千件も電話をかけても、挨拶だけで電話を切ってしまうのでは意味がありません。できるだけ多くの相手に、

「一度お話聞いてみてください」

「無料体験にお越しください」

など、アポ訴求を行うことが大切です。

　自分から電話を切らない相手には、必ずアポ訴求を行うようにします。

　アポ訴求数を増やすために大切なことは、相手の態度に一喜一憂しないこと、そして自己判断で諦めないことです。

　そのためには、テレアポを作業として捉えてみてください。

　お客様をふるいにかけるために、**マシーンが決まった手順で行う「単純作業」と割り切れば、心理的負担を減らせます**。

　そして、怯まずに相手にアタックし続けることで、着実にアポ訴求数を増やしていくことができます。

　もし話の途中で電話を切られたり、怒鳴られたり、アポを冷たく断られたとしても、そ

れは相手にとって、タイミングが悪かっただけだと理解しましょう。

あるときにはアポ入れの電話ですごく不機嫌になった相手が、1ヶ月後には喜んでアポを受けてくれることがあります。相手のタイミングの良し悪しは、こちらで判断できませんので、あなたはただ作業として決まった手順でアポ訴求を行いましょう。

②一喜一憂せず、一定のパフォーマンスを続ける

これは、目の前の結果に惑わされずに、再現性の高いテレアポを行うことです。

人生を成功に導く「平均の法則」というものがあります。

それは、「同条件で、同じパフォーマンスを続ければ、常に一定の結果が出せる」という法則です。これを知っていれば、テレアポでめげる必要がなくなります。

例えば、あるテレアポマニュアルを使って、あなたが1日に4時間のテレアポを行い、不在着信も含めて約300件の電話をかけ、それを5日間続けたとします。日によってバラつきはあるものの、1500件の電話をかけたら、最終的に30件のアポが入りました。

つまり50件に1件のアポが入ったことになります。

平均の法則によれば、あなたが同じマニュアルを使って同じパフォーマンスを続ければ、今後も平均して50件に1本のアポが入ることになります。

裏を返せば、１件のアポを取るためには、４９回の断りや不在着信が必要だということです。つまりあなたは、どんな結果だろうが、1回電話をかけるたびに次のアポに1歩近づいているわけですから、断られても成功なのです。

ただし、平均の法則のポイントは、「一定のパフォーマンス」です。

もし、あなたが結果に一喜一憂して、明るくなったり暗くなったり、やる気が出たり出なかったりしたら、同じパフォーマンスが保てなくなります。

ですから、まずは基本のトークを決めて、あとは平均の法則を信じて、ただ軽やかに電話をかけ続けてみましょう。

③アファメーションで「テレアポの達人」になりきる

これは、いつもの自分を手放して、プロに徹するということです。テレアポは、守りの姿勢では制することはできません。恥ずかしがって、もじもじ話していてはいけないのです。そこで、テレアポの間は「なりきり」によって、自分の殻を脱ぎすてていきます。

なりきりには「アファメーション」を使います。

アファメーションとは自分の中のブレーキを取り除くために行う、自分自身への肯定的な宣言のことです。

「私はテレアポの達人だ」

と声に出して言ってみてもいいでしょう。

次に、あなたが「この人なら絶対にテレアポの達人だ」と思える人を思い浮かべてみてください。上司や先輩でも、アナウンサーやビジネスの成功者や、好きなユーチューバーでもかまいません。

そして、テレアポの間は、その人になりきると決めてください。もし、**電話の相手から想定外の質問をされても、「その人ならどう答えるか」を想像して答えればいい**のです。

このアファメーションを習慣づければ、あなたも最速でテレアポの達人に生まれ変わることができます。

以上の3つの心構えが、あなたをアポの達人にする「テレアポ・トライアングル」です。

「自分、テンション高っ！」と思うぐらいでやっと相手は「笑顔」を想像できる

心構えは先のとおりでしたが、会話中の具体的なポイントは、以下の3つです。

①自分の願いや行動はハッキリと伝える
「○○していただけませんか？」ではなく、「○○してくださいね」「○○します」と自分の願いや行動はハッキリと伝えるようにします。
②語尾を上げる
「こんばんは↑」「こんばんは→」と、言葉の語尾を下げずに明るく話す。
③3倍リアクション
「さすがですね！」「そうなんですね！」など、相手の話に大きく反応する。

もちろんすべてに理由があります。

①は、ＮＯと言いにくくするためと、主導権を取れる相手かどうかを見極めるためです。

②の「語尾を上げる」は、声に表情をつけるためです。

語尾を下げて話す人は、「暗いな」「感じ悪いな」「上からだな」と思われがちです。

一方、語尾を上げて話すことで、「明るい人だな」と、電話の向こうのあなたが笑顔で話している印象を与えることができます。

また、笑顔は必ず声に乗るため、実際に笑顔で話すことも重要です。

③の「３倍リアクション」は、相手の脳の報酬系を刺激するために行います。

ここは、特に大事なので詳しく見てみましょう。

「さしすせそ」の反応を３倍大きな声で言う

報酬系とは、快楽物質を発生させ、人や動物を心地よくさせる脳内システムのことです。

人間も動物も、この報酬系の快感に突き動かされます。

つまり報酬系を上手く刺激すれば、相手はあなたを好きになりますし、相手に行動を起こさせることもできるのです。具体的に、人の報酬系が刺激されるのは以下が代表的です。

・褒められたとき
・リアクションが得られたとき

みなさんは、「さしすせそ」の法則をご存知ですか？
これは、「褒め」と「リアクション」を同時に成り立たせる会話法則です。
これを使うと、相手の脳にどばどば快楽物質を出すことができるので、必ず覚えてください。「さしすせそ」は、以下の言葉の頭文字を取ったものです。

さ：「さすがですね」
し：「知らなかったです」
す：「すごいですね」
せ：「説得力あります」「センスいいですね」
そ：「そうなんですね」「そうなんですか」

この「さしすせそ」は、普段の声より「3倍」大きく言いましょう。

なぜ、３倍なのか？　それは、**電話だと相手の顔が見えないため、３倍くらい大げさにしないと、相手に伝わらない**からです。

聞いている自分が恥ずかしくなるぐらい、お客様の話には、大げさに反応しましょう。

「口だけ、さしすせそ」はＮＧ「さしすせそ」を成り立たせる根本要素

この、**「さしすせそ」の段階では、「共感」して肯定することが一番大事**です。

契約に関わることなら別ですが、テレアポの段階で、相手の主張に対する反対意見を言ってしまうと、「違う人種」「敵」だとみなされてしまいます。

例えば、

「今、韓流ドラマにはまっているんです」
「そうなんですか。私はドラマが苦手で、よく知らないんですよ」

と、あなたが返したとします。これだと、

「韓流ドラマの良さがわからないなんて、この人とはきっと気が合わないわ！」

と思われてしまいます。お客様の快楽物質の放出もストップ。完全枯渇状態です。

「苦手」なんてわざわざ言う必要ないですよね。これは「バカ正直」。

「いやいや、苦手ってワードはともかく、『知らないものは知らない』って言うしかないでしょ。嘘をついて韓流ドラマの質問が来たら、どうするのさ」

ここまで聞いて、そう思った方はいますか？

確かに嘘は禁句ですが、「気が合う」「話がわかる人だ」と思われないと、実際に会ってもらうことなんて、不可能。大切なのは「そうなんですか」のあと。反対意見ではなく、「共感」してあげましょう。つまり、こう反応するのが正解。

「そうなんですか（さしすせそ）。
韓流ドラマ、ハマるみたいですね！（共感）」

さて、「共感」と来たら、次はどうするのが正解でしょうか。

それは「誘導」。何に誘導するのか？　**相手の好きな話題に「誘導」する**のです。好きなことを話すと、人の心は開きます。つまり、この会話の最後はこう締めくくりましょう。

「私も見てみたいので、よかったらおススメのドラマを教えてください」

比較してみましょう。

①「そうなんですか。私はドラマが苦手で、よく知らないんですよ」
②「そうなんですか。韓流ドラマ、ハマるみたいですね！　私も見てみたいので、よかったらおススメのドラマを教えてください」

①はこのあと「じゃあ、そろそろ」と相手に電話を切られるのが、容易に想像できます。
②はどうですか？
「冬のソナタ」なのか「チャングムの誓い」なのか、それはわかりませんが、相手が喜んで韓流ドラマを語っているのが、想像できます。

「さしすせそ」を言っても、後に「反対意見」を言っては台無しです。これは、「口だけ、さしすせそ」。

そうではなく、「さしすせそ」のあとは、「共感」をしてあげて、相手の好きな話題に「誘導」しましょう。好きなことを話しているとき、その人の脳内は快楽物質でワッショイ、ワッショイ、もうお祭り状態です。自分のことを気持ちよくしてくれたあなたのことを、相手はきっと好きになります。まとめましょう。

「さしすせそ」→「共感」→「誘導」

これを心がけるだけで、営業電話であっても話はきっと盛り上がります。

営業電話というだけでも警戒されがち。余計なところで反対意見を言うと、相手の警戒心が一気に高まり、取れるアポも取れなくなるので注意しましょう。リアクション上手になり、聞き上手になることが、テレアポを成功に導きます。

「アポの日時設定前」に細かい条件をうだうだ言わない

では、いよいよアポトークの流れを紹介していきます。

テレアポトークは、2つの場面で構成されます。

①アポの日時設定前
②アポの日時設定後

この流れは「①にアポ入れ、②に抑え」と覚えてください。**「抑え」とは場所、所用時間、趣旨などのポイントを確定させること**です。繰り返しますが、即決営業ではこれらが定まってはじめて「アポが取れた」と言います。

②日時設定後の「抑え」は、相手に少しプレッシャーがかかります。

まずは、①日時設定前からしっかり練習しましょう。

例えば、ビルを2階から建てようとしても、土台となる1階がないと、絶対にうまくいきませんよね。それと同じで、テレアポでも、日時設定がしっかりできていないと、抑えは行えません。

「抑え」の例

「当日は2時間ほどお時間をいただきます」
「お会いする場所は〇〇でよかったですよね」
「担当ライフプランナーの〇〇という者が伺い、〇〇様に合わせたシミュレーションをさせていただきます」

「もし気に入ったら、スタートしてみてくださいね」

「スタートした場合は、だいたい月に○万円ほどかかります」

「お金がかかることですから、○○様（決裁者）と一緒にお聞きくださいね」

では、なぜこのような抑えを日時設定の後に行うのでしょうか？
それは**アポの提案に対して、先に相手の「ＹＥＳ」をもらうことが重要**だからです。

日時設定後に「抑え」をするとこうなる

あなたにも、こんな経験があるかもしれません。携帯電話の契約などで、よさそうな機種を勧められて、基本料金も聞き、「いいですね。じゃあ、これにします」と言ったとします。

すると、いざあなたが申込書を書き始めたタイミングで、店員さんがあれこれ話しかけてきます。

「こちらは別途、事務手数料が必要になります」

「保険料が月々４００円かかりますが、よろしいですか？」

「こちらのプランは、2年間は機種変更ができません」

このように、次々と追加の条件が出てきます。内心「いやいや、そんなの聞いてないし」と思いますよね。

でも、そこで申込書を書くのをやめて「やっぱりいいです」と断る人はほとんどいません。その理由は、すでに心が「ＹＥＳ」に向いているからです。人は、心が向いた方向に、そのまま走り続けたいという性質があります。ですからテレアポでも、先に日時設定をして相手のＹＥＳをもらっておくのです。

逆のパターンで、あなたが「この携帯にしよう」と決める前に、店員さんが、

「この機種にされるのであれば、事務手数料が２０００円、月々の保険料が４００円かかります。あと2年間機種変更ができないという縛りがございますが、よろしいですか？」

と、多くの条件を言ってきたらどうでしょうか？　普通は、

「あ、じゃあもう少し考えます……」

となりますよね。**先に細々した条件を突きつけてしまうと、迷いが生じる原因となる**のです。だからこそ、テレアポでも「1にアポ入れ、2に抑え」のルールを守ってください。

これはテレアポの重要な型のひとつです。

ただし、相手から「何時間かかるの？」「どんな人が来るの？」など、積極的に質問された場合は、すでに心が「YES」に向いている証拠ですので、日時設定前でも正直に答えてOKです。

契約率が劇的に向上する「抑え」の4大ポイント

アポの日時設定ができたらすぐに、次の4つを明確にしておきましょう。

①当日行うこと（所要時間）
②料金の目安
③決裁者の同席依頼
④即決依頼

これらをテンポよく伝えていきます。


「当日は2時間ほどで○○のシミュレーション（①）をさせていただきますので、楽しみにしていてくださいね」

「スタートされた場合は、○○万円はかかることですので（②）、」

「ご主人と一緒にお聞きくださいね（③）」

「もちろんお話を聞いてみて、もし商品が気に入らなければ断っていただいても構いません。でも、もし気に入っていただけたら、この機会にスタートしてみてくださいね（④）」


こんな感じです。

この4つが**クロージングにおける最大の武器**になります。

詳細は2章のクロージングの章に譲るとして、本書では「抑え」時には、この4つが重要なのだと覚えておいてください。

コレを言わないと「ガチャ切り」必須！
「日時設定前」の5つの要点

では、「抑え」に入る前の「アポ入れ」時の具体的な型を見ていきます。テレアポトークは、アポの日時設定前とアポの日時設定後の、2つの場面で構成されるとお伝えしました。日時設定前の場面は、とにかくアポの日時設定だけを目指して、次の流れで話してください。

①第一声
②自己紹介
③趣旨説明
④ベネフィット
⑤日時設定

これが、人の心に最もすっと入っていきやすい型です。以下、順に解説します。

①「第一声」で７割決まるメラビアンの法則

これは、もちろん「もしもし」ですが、電話でも第一印象はとても大切です。第一印象は数秒で決まる上になかなか消えないため、「もしもし」の言い方ひとつで、アポトーク全体の印象が大きく左右されます。

では仮に、話し手の「言葉・話し方・表情」がそれぞれ矛盾していた場合、受け手が最も大きな影響を受けるのはどの情報だと思いますか？

実は、それを調べた実験があります。具体的には、好意的な表情をしながら、感情のない話し方で、「嫌いです」と言ったら、受け手はどの情報を一番に信じるか？というような実験です。

その結果、人の印象を左右するのは「言語情報７％、聴覚情報38％、視覚情報55％」となりました。これが「メラビアンの法則」です。非言語情報は潜在意識に働きかけるため、言語情報よりも影響力が大きいのです。

つまり顔が見えないテレアポで、**「もしもし」という、言語的にはあまり意味のない言葉を言った場合、重要なのは聴覚情報、つまり声の印象**です。

単純計算で７割以上が聴覚情報、つまり声の印象で判断されるということ。

笑顔を乗せた声は、必ず相手に伝わります。これまであまり第一声を意識していなかった場合は、次は**笑顔を添えて、明るい声で「もしもし」**を言ってみましょう。

②「自己紹介」の冒頭に「あ」を入れてリズムよく

これは、社名→名字→軽い挨拶でワンセットになります。

「あっ、私、即決営業の〇〇と申しますが、お世話になっております」

最初の**「あっ」というのは、電話の向こうにいる相手へのリアクション**です。

「何の意味があるの?」と思うかもしれませんが、この一言でリズムがよくなりますので、騙されたと思って試してみてください。挨拶は、ターゲットによって「こんにちは」「お忙しいところすみません」なども使えます。大きな声で堂々と自己紹介を行えば、信頼感が増します。

逆に、自己紹介が小声すぎて、名乗った名前がよく聞き取れなかったりすると、自信がない人なのかな? やましいところのある人なのかな? と思われてしまいます。

ここでも、「明るく、ハキハキ、笑顔を乗せて」が基本です。

③「趣旨説明」は早い段階で伝える

テレアポで、この趣旨説明を曖昧にしたり、後回しにしたりする人をよく見かけますが、逆効果です。**早い段階で何の用かがわからないと、相手の潜在意識が働いて警戒心が高まります**。あなたが有名一流企業に勤めていたとしても、どんなに自慢の声でも、潜在意識のパワーには勝てません。

その結果、何を言ってても受け入れてもらえなくなったり、一方的に電話を切られたりします。

ですから、

「本日は、営業研修の件でお電話させていただきました」
「家庭教師の無料体験に関するご連絡です」

など、あなたの商品やサービスに合わせて、はっきりと趣旨をお伝えしましょう。

④「ベネフィット」は相手がイメージできるように

ベネフィットは、単に、あなたの商品やサービスの強みのことではありません。もしお客様が商品を使ったらどうなるか、もしサービスを受けたらどうなるかを、いきいきとイメージできるようにお伝えすることが大切です。

「○○社や○○社など、すでに1万人以上の方が受講されていて、翌月の売上げが3倍以上になった！　と、みなさんにたいへん喜ばれている営業研修です」
「なんと1ヶ月間のお試し導入だけで集客率が15％もアップして、続けて使えばもう集客に悩まなくてよくなった！　と評判の集客システムです」

このような言い方で、声に抑揚をつけたり、商品を使って喜んでいるお客様になりきったりすることで、**明るい未来が相手にしっかり伝わるように話してみてください**。あらかじめさまざまなベネフィットを用意しておいて、電話の相手に響きそうなものを選んでお伝えしましょう。

「ベネフィット」の例
「○○のお悩みが一瞬で解決できた、と評判です」
「簡単に○○できて、ご家族に喜ばれます」
「たった1ヶ月で、売上げが35%アップしたケースもございます」

⑤「日時設定」は断られても3回希望を伝える

これは、諦めず3回は「アポ訴求」に挑むこと、これに尽きます。

アポ訴求というのは、「会って話を聞いてほしい」というあなたの要求を相手に伝えることです。ポイントは、**「会いたい」というあなたの気持ちや要求ではなく、「お話を聞いてください」と相手にしてほしいことを伝える**ことです。恋愛に例えれば、「好きです」ではなく「付き合ってください」が正解です。

サッカーでもバスケでも、シュートを打たなければゴールは絶対に決まりませんよね。そして、テレアポにおけるシュートといえば、「アポ訴求」です。「これはムリそうだな」とか「絶対に断られるだろうな」という自己判断で、アポ訴求をせずに電話を終えてしまってはいけません。

結局、シュートを打った回数が、ゴール、つまりアポが取れる件数に響くからです。

「この機会に、ぜひお話を聞いてみてください」

このようにあなたの要求をまっすぐ伝えれば、相手も少なからず「それに答えなければ」という気持ちになってきます。

逆に、あなたの要求をはっきり伝えなければ、相手は気づかないふりをしたまま、電話を終えようとします。その方が、心理的な負担が小さいからです。

アポ訴求された場合、相手には断る理由が必要になります。どっちつかずの人は、断るのが面倒でＯＫする場合もありますし、**相手の口から断る理由が出てきたら、今度はその理由を攻略していけばいい**のです。

以上が相手の潜在意識に働きかけるテレアポの型です。この５つの型を守っていれば、他はあなたの持ち味を出しても構いませんし、自然とアポが増えてくるはずです。もしアポが取れなくなってきたら、何度でもこの①～⑤の流れに立ち返ってみてください。

NOを言いつつ電話を切らない相手を攻略する6つのポイント

ではここからはもう少し具体的に、アポトークのポイントについてお伝えしていきます。ポイントは6つあります。

①とにかく設定へ
②電話を切らない
③『もし』の多用
④二者択一
⑤「ベネフィット訴求」「楽しみ訴求」
⑥ちょうどよかった！

以下、詳しく見ていきます。

①とにかくアポを「設定」しようとする人間は「言われたことに応えたい」生き物

アポは挑んでいくものです。あなたがどれだけ電話をかけても、**しっかりアポ訴求をして設定に挑んでいかない限りアポは入りません**。なぜなら相手は、まだ商品が必要だと気付いていないからです。

人がアポをＯＫする理由で、不動の第1位は何だと思いますか？

商品に興味があったからでも、アポインターの対応が良かったからでもありません。意外かもしれませんが、

「会って話を聞いてください」

と、はっきり言われたから。これが断トツ1位です！

つまり、どれだけ電話が下手でも、設定に挑んでいたらアポは入るということです。

例えば、

「お母さん、２時間でお子さんがどれだけ変わるか、ぜひ家庭教師の体験を受けてみてください」

と言われてアポをＯＫした人に、ＯＫした理由を聞いてみたら、後付けでさまざまな理由が出てくると思います。

しかし、みんな本音はこうです。

『「受けてください」と言われたから』

これに尽きるのです。

上手いマーケティングには、必ず訴求があると言われます。チラシでも、ＨＰでも、訴求がなければ反応はありません。電話番号が大きく書いてあって、「まずはお電話ください」、「今すぐここをクリックしてください」という訴求文があるからこそ、「じゃあ電話しようかな」と思うのです。

なぜなら多くの日本人は、子供の頃から潜在意識に「言われたことはやるべきだ」「頼まれたことには応えなければ」と刷り込まれているからです。

ですから、あなたがどんどんアポ訴求に挑むことで、アポ取得率もどんどん上がっていきます。ただ漠然と電話をかけるのではなく、アポ訴求数を増やすために電話をかけることが、アポトークの第1のポイントです。

②自分からはゼッタイ「電話を切らない」人の本音は3回目までわからない

営業電話を断る人の行動には、2つのパターンがあります。

- 「けっこうです」と言って電話を切る
- 「けっこうです」と言うが電話は切らない

電話を切る相手は仕方がありませんが、電話を切らない相手に対して、あなたはどう行動しますか？

「わかりました、またご縁があればお願いします」

と相手が切るのを待って、礼儀正しく電話を切っていますか？

ハッキリ言ってそれは間違いです。あなたがやるべきことは、「自分からは絶対に電話を切らない」ことです。

「人の本音は3回目」という言葉があります。

ですから、興味があっても、最初は反射的に断ってしまう人が多いのです。**断る理由さえも、本音ではない**と思ってください。この心理に沿った、私生活でも大変役立つテクニックがあります。それは「3度押し」です。

3度押しで本音を引き出す

まず、「人の本音は3回目」の典型的なパターンはこうです。

1回目：反射的に断る
2回目：警戒心で断る
3回目：本音が出る

もっと詳しく言うと、1回目は知らない人の申し出はとりあえず断る癖がついているため、いきなり電話がかかってきたら、その内容について考える前に、反射的に「けっこうです」という言葉が出てしまうのです。

2回目は、危険回避の本能が働き

「なぜ私の電話番号を知っているんだろう？」「しつこいけど大丈夫かな？」

という気持ちから、少し興味があってもやっぱり断ります。痛い目にあいたくないという本能が、興味を上回るからです。

3回目にようやく、興味がある人とない人で答えが分かれます。

ここでまた「けっこうです」と言う人は、それが今の本音ですから、これ以上は100回押しても無駄になります。

つまり、ここで初めて、あなたから電話を切ってもOKです。

潔く引いて、次のタイミングを待ちましょう。

もし興味がある人は、この3回目でようやく「まあ、そんなに言うなら、構いませんけど」と、ちょっと上からOKしてくれます。

ですからテレアポを行うなら、最初の断りや2回目の断りで諦めてはいけません。

このように必ず3度押しを行って会話を続け、相手の本音を引き出しましょう。

断り文句には「同意＋理由＋訴求」で切り返す

なお、3度押しは、断り文句に対し「同意＋理由＋訴求」で切り返します。


「一度、お話を聞いてみませんか？」

「けっこうです」

「そうなんですね（同意）。では、少しアンケートに答えていただくだけで構いませんので（理由）、お願いします（訴求）」

「いや、忙しいので」

「そうですよね（同意）。では、5分で終わるようにしますので（理由）、お願いします（訴求）」


と、このように3度訴求をするのが3度押しです。

3度押せるということは、相手が電話を切らなかったということ。それだけで脈アリなのです。


本音は「会ってもいい」のに、なぜ断るのか？

内心はこんなところでしょう。

「本当は会ってもいいけど、商品を買わないと嫌な顔をされそうだし」
「本当は会ってもいいけど、ヒマだと思われたら恥ずかしいし」

一言で言えば、周りの人に悪い印象を持たれたくないのです。ですから、この「本当は」の部分を引き出すためには、3度押しが必要なのです。

人の本音は3回目。この言葉を忘れずに、次こそ本音が出てくるなとワクワクしながら、アポ入れを挑んでほしいと思います。

③「『もし』の多用」で楽しいイメージを喚起 理屈抜きで「会いたい」と思わせれば勝ち

人の心理がわかれば、何でも売れるようになります。そこで有効なテクニックは、「もしの多用」です。

なぜなら、「もし」は、人のイメージを引き起こすスイッチとなるからです。「もし」が使いこなせるようになれば、一流のアポインター、一流の営業になることができます。

例えば、「衝動買い」という言葉を聞いたことがありますよね。人は、自分が持っている潜在的なイメージと合致したら、理屈抜きで商品を購入します。

ある人が靴屋で、「あっ、これ、憧れのAさんが履いていたブーツとそっくり！」と思う靴を見かけたとしましょう。その人は芸能人Aさんの大ファンなので、潜在意識では、もともとAさんと自分の姿を重ね合わせていたはずです。そして、そのイメージにぴったりのブーツが、目の前にあらわれました。

その結果、「これは私のためのブーツだ！」と思って、試着もせずに即買いしてしまうのです。これが「衝動買い」と言われる現象です。

衝動が100に達したときに、人は理屈抜きで行動を起こします。逆に100まで上がりきっていないと、人は迷います。見るからに「あの人迷っているな」という人がいたら、すかさず店員さんがやってきて、試着を勧めます。試着して「あっやっぱり似合う！」となったら、購入になります。このように、イメージが「欲しい」という衝動を引き起こし、衝動が「買う」という行動を引き起こします。ですから、テレアポでも、相手にイメージさせることが重要なのです。

ただ電話では商品や画像を見せることはできませんので、「もし」を多用して、イメージを引き起こしていきます。人は「もし」と言われると、頭の中で強制的にイメージスイッチが入ります。

例えば、家庭教師の派遣を勧めたいならこんな感じです。

「お母さん、もし大学生の先生が来るとしたら、男性か女性かどちらがいいですか？」

「そうねえ、爽やかな男の先生だったら、娘も勉強がんばるかも」

「そうなんですね。それでもしやる気になってくれたら、勉強の習慣がついてほしいか、テストの点数があがってほしいか、どちらが嬉しいですか？」

「まずは一度でいいから、自分から勉強するところを見てみたいわ」

「そうなんですね。もし勉強に興味がわいて、自分からどんどん勉強するようになったら、成績もあがって進路も広がりますよね。もしかして、行きたい大学とかあるんですか？」

「夢のまた夢だけど、私としては、母校の〇〇大学に行ってくれたら嬉しいのよ。あの頃すごく楽しかったし」

「えっ、お母さんの母校、いいですね！　夢ではないですよ、これはお子さんが自分から勉強するようになる体験なんです。このまま何もしなければ娘さんは変わりませんので、娘さんの未来を広げるために一度受けてみませんか？」

「それもそうねえ……、じゃあ試しにやってみようかしら」


このように「もし」の重ね使いで、まだ体験を受けてもいないのに、お母さんをどんどん嬉しい気持ちにさせることができます。すると、衝動が高まっていき、もしイメージ通りになれる可能性があるならやってみようという気持ちになります。**衝動が１００を超えたらアポが入ります**。これがイメージの力です。

「もし」は断られても、自然に会話を続けられる

さらに「もし」にはもうひとつ、大きな利点があります。それは、**断られても不自然にならずに話を続けられること**です。

「今は考えていないので、けっこうです」
「そうでしたか。では、もしお子さんに家庭教師をつけるとしたら、男の先生か女の先生かどちらがいいと思いますか？」

これで、断られても相手のイメージスイッチを押すことができます。

「もし」は自分を動かすことにも使える

少し話は脱線しますが、人の心理を知って、話し方を変えることで、テレアポに限らず色々な人を動かせるようになります。

あなたも、やる気が出ないときには、「もし」を使って自分のやる気スイッチを押してみましょう。

「もしアポが、1日に○○本も取れたら、どんな気分だろう?」

そして周りの人から、

「○○さん、すごいですね！　どうやったらそんなにたくさんアポが入るんですか?」

こんなふうに言われている自分をイメージしてみてください。

「もし」の力で、一流のアポインターになりきって、アポ入れを行ってみてほしいと思います。

④二者択一でクローズドに質問「選ばされている」と思わせない誘導法

二者択一とは、ふたつの選択肢からひとつを選ぶことです。テレアポトークでは、二者択一の質問形式を多用します。

なぜなら、相手の答えを誘導しやすいからです。

質問の種類には、オープンクエスチョンとクローズドクエスチョンがありますが、**二者択一はクローズドクエスチョン**のひとつになります。


「好きな食べ物は何ですか？」

これがオープンクエスチョンです。

一方、

「カレーライスは好きですか？」

「カレーライスとハンバーグ、どちらが好きですか？」

このように回答範囲が限定されているものがクローズドクエスチョンです。


クローズドクエスチョンの狙いは、「もし」の効用と似ていますが、イメージを喚起させることです。

先の例文を読んで、頭の中で「カレーライス」と「ハンバーグ」を思い描いた人がいると思います。なんだか急にお腹が空いてきた人もいるでしょう。イメージ力が高い方は、衝動が100に達し、本書を置いてカレーを食べに行ってしまうかもしれません。もしくは、後日、街を何気なく歩いていたら、ハンバーグの匂いがしてきて、ふらふらとお店に入ってしまうこともあるでしょう。これは、質問されたときには衝動が100までいかなくても、ずっと頭の中に「ハンバーグ」のイメージが残っていたからです。

CMなどもこれが狙いで、消費者に商品のイメージを繰り返し植え付けることで、後々の行動にまで影響を及ぼすように考えられています。

このように二者択一には、「もし」と同様にイメージを引き出し、衝動によって人を動かす力があるのです。これが二者択一の、ひとつ目の利点です。

「選択肢」を与えて、「主導権」は握る

さらに二者択一には、相手の答えを誘導しやすいというもうひとつの利点があります。オープンクエスチョンよりも、二者択一を使って細かくアポ設定していく方が、アポ設定率が上がるのは、相手に選択権を与えつつ、あなたが主導権を取ることができるからです。

例えば、「あなたの夢は何ですか?」のようなオープンクエスチョンだと、期待通りの回答が得られず、主導権が相手に移ってしまいます。

では、クローズドクエスチョンだったらどうでしょうか。あなたが気になる相手に思い

切って電話をかけて、
「僕とデートしてくれない？」
と言ったとします。

これは、答えがYESかNOかのクローズドクエスチョンですが、デートという目的を達成するには効果的ではありません。一度NOと言われた時点で、相手の気持ちがNOに向いてしまい、巻き返しが難しくなるからです。正解はこうです。

「もし僕とデートするとしたら、遊園地と水族館だったら、どっちがいい？」

こういう二者択一の方が、デートできる可能性が高まります。
なぜなら、どちらを選んでも「YES」の意味になるからです。相手の頭の中では、デートするかどうかよりも先に、遊園地と水族館のイメージが浮かびます。

答えをもらったら、さらに細かく「二者択一」

「うーん、あまり行ったことがないから、水族館かなあ」
「水族館楽しいよ！　じゃあ、サンシャイン水族館と八景島シーパラダイスだったらどっちがいい？」

こうして**ひとつ答えをもらえば、さらに細かく誘導していくことができます**。相手はあくまでも自分で選んでいますし、もともとは仮定の話なので、デートを強制されたようには感じません。人は他人から強制されると反発したくなるものですので、これも二者択一の大きな利点です。

両者とも「楽しい選択肢」にする

二者択一の注意点は、「AですかBですか？」のAとBが、どちらもYESのイメージであることです。もしNOのイメージの選択肢が含まれると、相手の頭の中には、NOのイメージが作られてしまいます。

「あなたは、戦争と平和だったら、どちらを望みますか？」

これも二者択一ですが、例え「平和」と答えたとしても、なんとなく暗い気持ちにならないでしょうか？　それはこの聞き方だと、頭の中で強制的に戦争がイメージされてしまうからです。

ですから、もしテレアポで二者択一を使うときは、**相手にアポを楽しみにさせるために、NOのイメージの言葉が選択肢に含まれないようにします**。いったんNOのイメージができてしまうと潜在意識に残るため、たとえアポが入ったとしても、後日のアポキャンにつながりやすくなります。

「もし」とのセットで小刻みに要求を通す

テレアポでの二者択一の使い方のポイントは、「もし」とのセット使いで、小刻みに質問を重ねていくことです。

「もしお話を聞くなら、平日か土日だったら、どちらがよろしいですか？」

「平日かな」

もし平日ですね、ありがとうございます。

もし平日でしたら、月曜日か火曜日だったらどちらがよろしいですか？」

「いや、どちらも無理ですね」

「そうなんですね、わかりました。

ではもし、水曜日か金曜日だったらどちらがよろしいですか？」

「まあ水曜日なら」

「水曜日ですね、ありがとうございます。では水曜日のお昼か夜だったら、どちらがよろしいですか？　お昼なら1時か2時、夜なら7時か8時くらいなんですけど」

「お昼の方がいいですね」

「わかりました。お昼だったら、1時か2時のどちらがよろしいですか？」


と、こんな感じで進めていきます。

こちらが、アポはいつでも大歓迎という場合でも、あえて小刻みに、とことん二者択一で聞いていきます。

繰り返しますが、**人は二者択一をしただけで、「自分が選んだ」という気持ちになる**からです。

さらに選択を繰り返すことで、相手の潜在意識に、「自分の言葉に責任をもたなければ」という気持ちが生まれます。その結果、アポのキャンセルが減るのです。

もし「いつがいいですか？」のようなオープンクエスチョンを使うと「わかりません」と断られる可能性が高くなりますし、「金曜日の午後1時でよろしいですか？」などと言うと、例えOKされたとしても、相手の中には強制された感じが残ってしまいます。強制への反発心が、後日、アポキャンを引き起こす要因になります。

「逆提案」に飛びつかない主導権は渡さない

もうひとつ、アポキャン防止にとても効果的なテクニックがあります。これは、契約率も上がる㊙テクニックです。二者択一を続けていると、

「他の曜日は無理なので、金曜日の午後はどうですか？」

と、相手から別日を「逆提案」される場合があります。ここがスーパーチャンスです！

内心、「やったー！　アポが入った！」と思いますよね。

でも、すぐに「大丈夫です」と、飛びつくのは避けてください。

なぜなら、**主導権が相手に移ってしまうから**です。このスーパーチャンスを活かすためには、相手の提案に飛びつかずに、しっかりと自分のスケジュール確認を行いましょう。


「もしお話を聞くなら、平日か土日だったら、どちらがよろしいですか？」

「他の曜日は無理なので、金曜日の午後はどうですか？」

「あっ金曜ですか……。確認しますので少々お待ちくださいね。

……あっ、午後なら大丈夫です」

このように言うと、相手の反応は、

「よかったー！　じゃあそれでお願いします」

となります。

この「よかったー」という気持ちはほんの一瞬ですが、しっかりと潜在意識に残るため、アポキャンを減らし、後の契約率を劇的に上げてくれるのです。これは裏技でしたが、このように人の心理を理解してアポトークを行うことが、高いアポ設定率につながります。

⑤ベネフィット＆「楽しみ訴求」は3～4回連発「自分、言い過ぎやろ」くらいでやっと頭に残る

日時設定前は「ベネフィット」押し

「楽しみ訴求」の連発とは、「楽しみにしていてくださいね」と繰り返しお伝えすることです。**楽しみ訴求は1回ではあまり効果はありませんが、3回4回と連発することで、アポキャン防止の効果があります**。人は繰り返し言われたことが、頭に残るからです。テレアポでも商談でも、頭に残ってほしいことは、しつこいほど繰り返しお伝えします。

例えば学習教材を扱っている場合は、こんな感じです。

「〇〇さん、弊社には厳選ポイントだけを押さえたテキストがあります。だから効果的に成績があがるんです」
「なんとそのポイントは、教科ごとに、たったの20ページでまとまっています。だから効果的に成績があがるんです」

「弊社ではお子さんの苦手科目やライフスタイルに合わせて、お子さんにぴったりのカリキュラムを作成するんです。だから効果的に成績があがるんです」
「弊社ではテスト前に、教科書に合わせた集中対策を行うんです。だから効果的に成績があがるんです」

このように同じことを何度もお伝えすることで、相手の頭の中には、「効果的に成績があがる」という部分が強く残ります。

ですから、とにかく「お子さんが自分から勉強するようになる」「売上げが劇的に上がる」「1ヶ月でお肌がツヤツヤになる」など、相手が望むベネフィットを何度も繰り返しましょう。

すると、電話を切った後の相手が、話の内容を忘れてしまっても、「とにかく効果的に成績があがる」という部分だけは潜在意識に残り、アポへの期待度が高まります。

私の経験では、男性は商品の特徴とベネフィットをワンセットで覚えていることが多く、女性はベネフィットの部分だけが強く頭に残ることが多いようです。

いずれにしても、ベネフィットを繰り返しお伝えすることで効果が出ます。

日時設定後は「楽しみ」押し

「楽しみにしていてくださいね」も、ベネフィットと同じ原理です。

「もし＋二者択一」でアポの日時設定ができたら、次は「抑え」の段階に入ります。

そこでアポキャンを防ぐには、楽しみ訴求を連発します。


「〇〇さん、その日はしっかりカリキュラム作成させていただきますので、楽しみにしていてくださいね」

「カリキュラム作成とご説明でお時間が2時間ほどかかりますので、楽しみにしていてくださいね」

「その日は何でも聞いていただけますので、楽しみにしていてくださいね」

「ご住所は〇〇で宜しかったでしょうか？　〇時におうかがいしますので楽しみにしていてくださいね」

「教材や資料もたくさんお見せしますので、机を用意して、楽しみにしていてくださいね」

「当日は単なる家庭教師の先生ではなく、弊社ナンバーワンのスーパー学習アドバイザーが伺いますので楽しみにしていてくださいね」

このように確認事項やこちらの要求を伝えながら、何度も楽しみ訴求で締めくくります。例文を読んで「ん？」と思われたかもしれません。「それ楽しみかな？」というのもありましたよね。でも、いいのです。楽しみにしてもらう理由が、多少苦しくてもかまいません。多くの人は、理由によって楽しみにしているわけではないからです。**「楽しみにしていてくださいね」と言われたから楽しみにしている**という方が大きいのです。

ですから、もしあなたがトークに苦手意識があったとしても、とにかく笑顔で「楽しみにしていてくださいね」を繰り返すだけで、効果があるので安心してください。

恋愛だって「言われたから付き合った」が本音

「そんなものかしら？」とイマイチ納得できないという方に、わかりやすい例をあげます。

恋人がいる人が周りから、「どうしてあの人と付き合ったの？」と聞かれたら、表面的には色々な理由が出てきますが、正直な理由は、「『付き合ってください』と言われたから」なのです。

恋人がいくらイケメンでも、お金持ちでも、優しくても、タイプでも、頭が良くても、「付き合ってください」と言われなければ、たぶん付き合わなかったという人が多いでしょう。

もしくは、勇気を出して自分が「付き合ってください」と言ったかのどちらかです。

テレアポでもクロージングでも、相手に行ってほしいことをはっきり伝える「訴求」は、最大の効果を発揮します。何度も言います。**訴求をするとしないとでは、契約率が天と地ほども変わってきます**。特に、この楽しみ訴求のテクニックは、プライベートでも大活躍するはずですので、ぜひ身につけておいてくださいね。

⑥「ちょうどよかった！」と言うから、ちょうどよくなる相手の「断り」をチャンスに変える技術

これは何気ない言葉のようですが、強力なパワーを秘めたフレーズです。最近、この言葉をいつ使いましたか？

おそらく、それほど多用していないと思います。

なぜなら普通は、まさにグッドタイミングだ！と思ったときにしか、「ちょうどよかった！」と言わないからです。

例えば、早急に伝えなければいけないことがある人に、道でバッタリ会ったとか。いざ夕飯の支度をしようと思ったら、肝心の卵がなくて、「しまった……」と思ったその瞬間に「今から帰る」と旦那からＬＩＮＥがあった……とか。

こんなとき、人は「ちょうどよかった！」と言いますよね。

予期せぬプラスの出来事に対して、人は「ちょうどよかった！」を使います。

断りに、「ちょうどよかった」＋「ちょうどよかった理由」

しかし、この**「ちょうどよかった！」の最大のパワーは、マイナスの考えをプラスの考えに転化できるところ**です。

日常でも、乗っている電車が停止してしまったときに、「なんて無駄な時間なんだ！」とただイライラすることもできますが、「ちょうどよかった！　この本、あと少しだから読み終えよう」と考えることもできますよね。

即決営業では、このパワーをテレアポにも応用しています。あなたも試しに、テレアポで断られたときに「ちょうどよかった！」を使ってみてください。そして、「ちょうどよかった理由」をこじつけでもいいから言ってみてください。

相手の断りのパワーを利用して、自分の技を返す合気道のようなイメージです。


「いえ、忙しいのでけっこうです」

「○○さん、お忙しいんですか。それは、ちょうどよかったです！」

「えっ？」

「忙しい方にこそ、聞いていただきたいお話なんです。なぜなら多くのお子さんが自分から勉強するようになるサービスですから、ご両親がお忙しいご家庭にぴったりなんです」


このように、もしあなたが思わぬ場面で誰かから「ちょうどよかった！」と言われたら、どう思いますか？

「何で？」

と思いませんか？　何がちょうどよかったのか、理由を知りたくなると思います。

実は、この心理がすごく重要です。**人は疑問を感じることで、「聞く姿勢」ができあがる**からです。

ですから、テレアポでも相手が断ってきたタイミングで「ちょうどよかった！」と言えば、相手はその理由が知りたくなり、あなたの話に耳を傾けてくれます。それまで話を聞き流して、電話を切ることばかり考えていた人の態度も、一変するのです。
そこですかさず「ちょうどよかった理由」をお伝えします。

「ちょうどよかった理由」は「あなたのトクになるから」

ここでお伝えする理由は、**商品説明ではなくベネフィット**です。当社の商品やサービスを使ったらこうなりますよ、というベネフィットを言ってください。つまり、商品を使ったあとの「ハッピーな未来」を言うのです。もっと、簡単にいうと**「この商品を使うと、あなたのトクになるから」**と言うのです。

85ページの例でいうなら、「多くのお子さんが自分から勉強するようになるサービスですから、ご両親がお忙しいご家庭にぴったり」がベネフィットにあたります。

すると相手も聞く姿勢になっていますから、素直にベネフィットをイメージすることができます。そして、「無料体験なら受けてみようかな」、「詳しい話を聞いてみようかな」という気持ちになるのです。このように「ちょうどよかった!」を使えば、断られたときこそ、最大のチャンスに変えることができます。

以上、テレアポの具体的なポイントをお伝えしてきました。これだけ人の心理に沿ったテレアポを行っている人は、なかなかいないでしょう。さらに本書でお伝えするWebマーケティングを融合させれば、あなたは商品にすでに興味を持った相手に対して、この心理戦を仕掛けることができるのです。

「学習教材のセールスマンになるな、一流のセールスマンになれ」

これは、私が経営する教材販売の会社で、営業部長が部下によく言っている言葉です。本書のテレアポ術をマスターしていただければ、職場が変わっても、扱う商品やサービスが変わっても、必ず、トップアポインターへの道を邁進できるでしょう。

アポ獲得率を格段にあげる「即アポ」フローチャート

ここまでで、アポ訴求の大切さをご理解いただけたと思います。しかし、「わかる」と「できる」は全然、違います。

野球でも、球の打ち方やフォームがわかっても、いきなりホームランを打てるわけではありません。テレアポも同じで、自然にできるようになるには、練習が必要です。そこで、これまで社外秘でしたが、本書では特別に、アポ訴求率を上げるための、具体的なテレアポフローチャートをご紹介します。89ページのフローチャートにしたがって練習を重ねてみてください。まず、いくつかの前提とトーク上の注意点があります。

「即アポ」の前提

・断られても自分から電話を切らない
・相手が電話を切らなければ100％アポ設定に挑める
・相手が電話を切ったら引きずらず次にいく

「即アポ」の注意点

・変な「間」をつくらない。間があると切られる可能性が高まる
・常に3倍の反応を心がける。人は良く反応してくれる人を好きになる
・ベネフィットはAREA話法（後述）でわかりやすく伝える

何度も言いますが、電話を切らない相手には、必ず3度はアポ設定に挑むようにします。このフローチャートにしたがって練習することで、相手の反応に惑わされることなく、アポ設定の「3訴求＝3度押し」が可能になります。

アポが取れない人は、フレーズだけにこだわりすぎて、「次、何を言うんだっけ」と考えてしまう人です。すると、会話のリズムが途切れるため、相手に主導権を奪われ、電話

即決営業の「即アポ」フローチャート

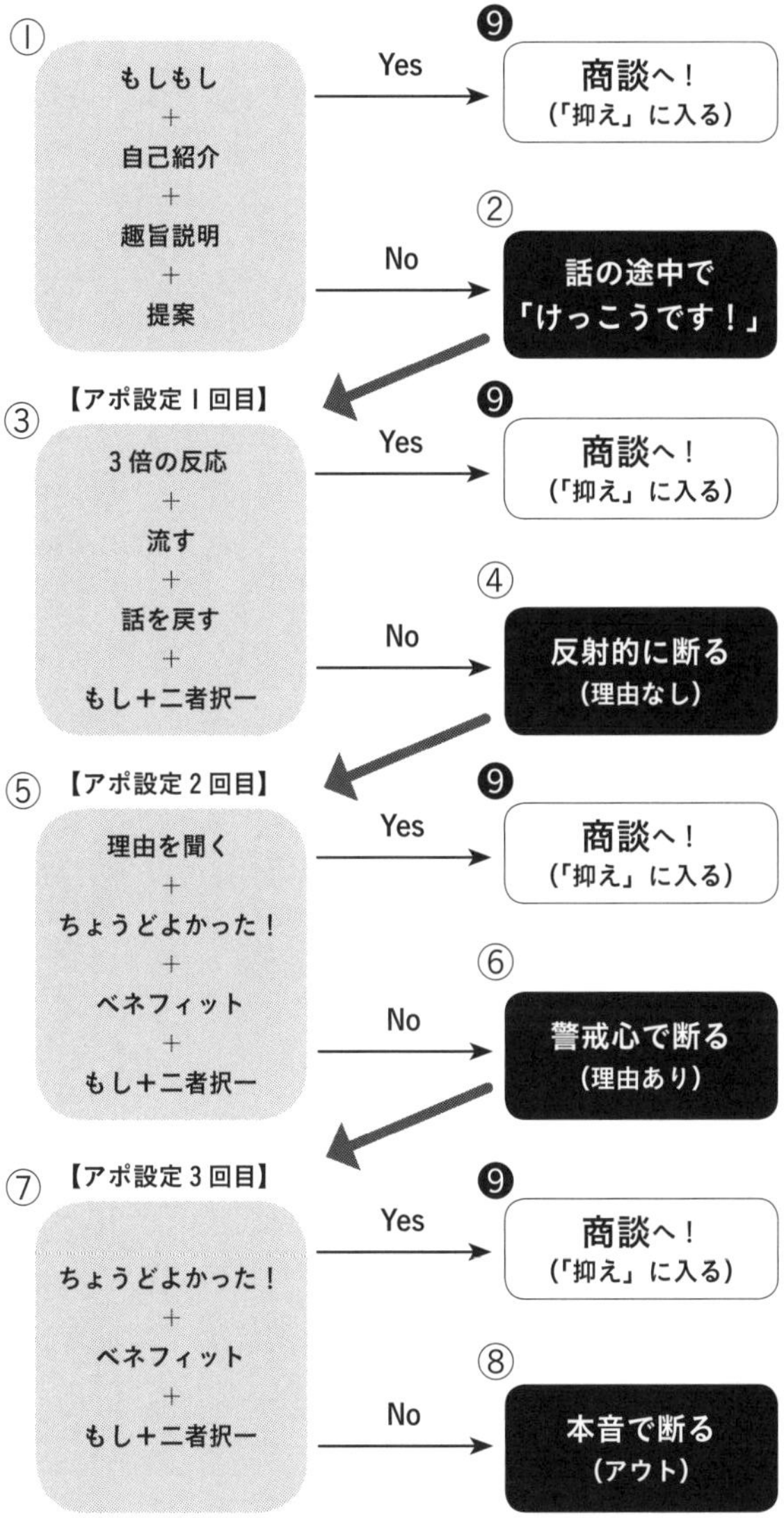

を切られてしまいます。

テレアポは相手があることですから、教科書通りには進みません。

だからこそ、個々のセリフや順序にこだわるのではなく、流れを意識します。

そのうえで、「断りが出てきたらプラスに変えよう」という意識を持ち続け、アポ設定に挑んでください。

これはそのためのフローチャートです。

以下、復習も兼ねて順を追って解説します。

「入り」の法則（①、②）

①と②については前出ですので、①は52ページ、②は62ページをご参照ください。

アポ設定1回目の法則（③）

③の「3倍の反応＋流す」というのは、間髪入れずに次の話を始めて、相手の断りを「流す」技術です。

３倍の反応

相手に「けっこうです」と言われた場合、まず

「あー、そうですよね。わかります！」

と3倍の反応で受け入れ、「共感」しましょう。なぜ3倍の大げさな反応なのかというと、人は反応、つまりリアクションをしてくれる人を好きになるからでしたね。一番つらいイジメは「無視」だと言われるほど、リアクションが相手の心理に与える影響は大きいものです。しかし、ただ反応すればいいというものではありません。「ふーん」などの薄い反応では、興味がないように感じさせてしまうため、**いつもの3倍の反応**を意識してください。テレアポでは表情や動きが見えないため、大げさなくらいがちょうどいいのです。

流す

そして、電話を切らない相手に対しては、すぐに次の話を始めてください。大切なのは**相手の断り文句と戦わず、いったん「流す」**ことです。

実はこの段階では、相手はあなたの話を真面目に聞いて断っているわけではありません。

ですから、相手が断り文句というボールを投げてきたら、いったんそのボールを3倍の反応で受け止めて、投げ返さずに脇に置いてください。

話を戻す

置いたうえで、「でね」と間髪入れず、話を戻します。

話を元に戻すときの魔法のフレーズは「でね」です。

断りを流してから、強引に自分のペースに戻します。

もし＋二者択一

ここで趣旨説明が終わっていたら、とにかく**「もし＋二者択一」で最初のアポ設定に挑みましょう**。趣旨説明が終わっていなければ、趣旨説明から行い、また断られたらとにかく「そうですよね。いきなりですもんね。でね！」と言い続けて、1度目のアポ設定までたどり着いてください。

これを続けていると、**理論上、電話を切らない相手なら100％アポ設定までいけます**。

もちろん、相手の言葉を流している感じにはなります。「こいつ、強引だな」と思われることもあるでしょう。

しかし、あなたが⑤のところで、「ちょうどよかった！」と言うまでは、相手は電話を切ろうとするだけで話を聞く態勢になりません。

だから、「3倍の反応」で受け止め、きちんとリアクションをしておけば、そこはあまり気にしなくても大丈夫です。

そして、「もし、お話を聞くとしたら、平日と土日だったらどちらがよろしいですか」と、1度目のアポ設定をお伝えできたら、返事のいかんにかかわらず、それだけで成功です。

1回目のNOは「反射的な断り」(④)

これでアポを獲得できたら万々歳ですが、なかなかそうはいかないでしょう。

「けっこうです」

と、断ってくることがほとんど。

でも、ここで諦めてはいけません。1回目のNOは、「反射的な断り」。

電話を切られたら別ですが、**1回目の断りは、次の戦いのゴング**と考えましょう。

カーン。では、第2ラウンドの始まりです。

アポ設定2回目の法則（⑤）

このラウンドのあなたの武器は、「理由を聞く」「ちょうどよかった！」「ベネフィット」、そして「もし＋二者択一」です。

理由を聞く

相手が断ってきたら、まず、

「あ、ちなみに、何かお会いすることが難しい理由など、ございますか？」

と、**断ってきた理由を聞きましょう**。反射で断っているなら、「忙しい」「お金がない」などと適当に言う場合が、ほとんどでしょう。

もちろん、「けっこうです。忙しいから」と断り文句に理由をそえてきたら、この「理由を聞く」は省いて構いません。

ちょうどよかった！

断り文句が出て来たら、ここですかさず「ちょうどよかった！」です。

虚を突かれた相手は理由が知りたくなり、話を聞く態勢ができます。

「（断り文句↓）ちょうどよかった！　忙しいご家庭ほど喜んでくださる体験授業なんです。なぜなら……（↓ベネフィット）」

などと言って、と次の展開に続けましょう。

ベネフィット＋「もし＋二者択一」

ベネフィットは、いかに効果的にお伝えするかが勝負です。

なお、設定に挑んだ数がアポ数につながりますので、**ベネフィットを言った後は必ず、アポ設定までワンセット**で行ってください。

「もし、体験授業を受けられるとしたら、平日か休日のどちらがご都合よろしいでしょうか？」

と、「もし＋二者択一」で２回目のアポ設定に挑みましょう。

2回目のNOは「警戒心の断り」（⑥）

ここの「けっこうです」は、「警戒心の断り」かもしれません。これも**不屈の魂で、次の戦いのゴング**と受け取りましょう。3回目で会ってくれる人が多いことは、データが実証しています。営業は、嫌われることを恐れてはいけません。

すかさず3回目のアポ設定に挑んでください。

アポ設定3回目の法則（⑦）

一度断る理由を言わせているので、ここでは、

「子どもに勉強する気がないので、今はいいです」

と**再度理由をそえて断ってくることが多い**でしょう。

ここで間髪入れず、もう一度、

「ちょうどよかった！」です。

「ちょうどよかった！　お子さんに勉強する気がないご家庭ほど、喜んでくださる体験なんです。なぜなら……（↓ベネフィット）」

と続けましょう。

3回目のアポ設定では、２回目のアポ設定とは異なるベネフィットを伝えます。

そして、ベネフィットを語り終えたら、「もし＋二者択一」で3度目の「アポ訴求」です。

３回目のＮＯは「本音のＮＯ」（⑧）

ここまでフローチャート通りに進めてきたら、ようやく相手の本音がわかります。

本当に興味がない人は「やっぱりいいです」と断ってきますので、**丁寧にお礼を言って「またお願いします」と、相手が切るのを待って電話を切りましょう**。そして気持ちを切り替えて「ハイ、次」です。

ただ、**ここまで電話を切らずに話を聞いてくれる相手は、次回タイミングが合えばアポ設定できる可能性が十分あります**。電話を切ってから問い合わせが入る場合もありますので、可能であれば案内状を送らせてもらうか、あなたの連絡先をお伝えしておきましょう。

そして本当に興味がある人は、この3度目のアポ設定で、

「じゃあまあ、土曜日なら少しくらい時間を作れるかも」

と少し上からＯＫしてくれます。

具体的なアポ日時を設定していく（❾）

「もし＋二者択一」で細かく日時設定を行う

「少し上から」でもOKしてくれたらゴールは目前。

あとは相手の気が変わらないように、テンポよく話を進めていきます。

「オウム返し＋リアクション」と「もし＋二者択一」を小刻みに繰り返して、具体的なアポ日時を設定しましょう。

「（相手が土曜日と言ったら）土曜日ですね（オウム返し）、ありがとうございます（リアクション）。もし土曜日だったら、お昼か夕方だったらどちらがよろしいでしょうか？　お昼ですね。ありがとうございます。もし……」

こんな感じです。相手に「自分で選んだ」という気持ちを持たせるために、一気に日時を決めようとせずに、はやる気持ちを抑えながら、少しずつ相手の都合を聞いていきます。

最後まで主導権は渡さない

そして、相手から、「夕方より夜の方がいいんだけど」と、逆提案をされたときは、スーパーチャンスでしたね。でも、すぐに飛びつかないようにしてください。

「夜ですか……、土曜日は人気ですので、ちょっと確認しますね。あっ、次の土曜日は大丈夫でした！」

このように言って**こちらの価値をあげてください**。「よかったー」と相手に思ってもらうためです。このテクニックには、**アポ設定率だけではなく、アポ当日の成約率をあげる効果もあります**ので、あなたの未来のためにしっかり行っておきましょう。**日時が決まれば、ついにアポ入れ成功**です。

相手の気持ちはすでにＹＥＳに向いています。

この後はいよいよ「抑え」の段階に入っていきます。

ベネフィットを効果的に伝える「AREA話法」とは？

さて、このフローチャートの中で、多くのアポインターがつまずく箇所があります。

それが「ベネフィット」の伝達の部分です。

この部分は、相手の断り文句に「ちょうどよかった！」と重ね、その断り文句を解消するベネフィットを伝えなければいけません。流動的になりがちで、フレーズを覚えただけでは、対応が難しい部分になります。

でも、ご安心ください。**どんな返しにも柔軟にベネフィットを伝えられる話法**を紹介します。

それが、AREA《エリア》話法です。これは伝えたいことが、相手に最もわかりやすく伝わる話し方です。話し上手な人のほとんどが使っていますし、何を言っているかよくわからない人は、たいていAREA話法を知らない人です。AREAはそれぞれ次の言葉の頭文字です。

Attention・**A**ssertion：**注目・主張**
Reason：**理由**
Example・**E**vidence：**具体例・根拠**
Assertion：**再主張**

AREA話法の例
A「私〇〇さんのことが好きなんです」
R「なぜなら、人に優しいからです」
E「例えば、昨日も遅くまで1人で残業されていたのに、忘れ物を取りに来た私を気遣ってくれましたよね」
A「だから私は、〇〇さんのことが好きなんです」

主張に始まり、主張に終わるため、「主張のサンドイッチ」とも言われます。4つのうち、どのセリフが抜けても物足りなく感じるはずですので、あなたも自分が告白されているところをイメージしながら、シミュレーションをしてみてください。

以下、AREA話法の使い方を詳しくお伝えします。

A：注目・主張

まず主張（Assertion）で、相手の注目（Attention）をひきつけておきます。

なぜなら最初の主張がないと、相手は何の話をされているのかわからず、聞くための心の準備ができないからです。

例えば、よく「結論から話せ」と注意される人がいますが、これも「なぜこの話を聞かされているのか」が最初にわからないと、聞き手は無駄に時間を奪われているように感じて、イライラしてしまうからです。

逆に、最初に「私○○さんのことが好きなんです」という主張をして、相手の注目をひきつけておくと、相手の心にその話を聞くためのスペースができ、すっと話が入っていくのです。

だからこそ、**最初に主張（Ａｓｓｅｒｔｉｏｎ）を行い、相手の注目をひきつけておくことが大切**なのです。

と、この解説にも、ＡＲＥＡ話法が使われています。そう、「まず主張（Ａｓｓｅｒｔｉｏｎ）で、相手の注目（Ａｔｔｅｎｔｉｏｎ）をひきつけておきます」の部分。冒頭で結論を伝えていますね。

ＡＲＥＡは、書き言葉・話し言葉、すべてに役立つ手法なので、ここで必ずマスターしてください。

R：理由

次に理由（Reason）がないと、人を動かせなくなります。なぜなら、理由がない主張には重みがなくなるからです。101ページのRを飛ばしてみましょう。

A「私○○さんのことが好きなんです」
E「例えば、昨日も遅くまで1人で残業されていたのに、忘れ物を取りに来た私を気遣ってくれましたよね」
A「だから私は、○○さんのことが好きなんです」

理由なしに例を言われても、「たったそれだけで好きになったの？」と、表面的に聞こえてしまいます。

「理由」は理由になっていなくてもOK

ここで大切なのは、理由は理由になっていなくてもいいこと。理由の中身ではなく、「理由がある」と伝えることが大切なのです。

ここで、心理学者エレン・ランガーの実験を紹介しましょう。図書館でコピーの順番を代わってもらう実験で、理由を付けて頼むのと、理由なく頼むのとで、どれほどの差が出るかを試したところ、このような結果になりました。

①理由がない場合、約60％の人が代わってくれる
②「急いでいるので」と理由付けした場合、約94％の人が代わってくれる
③「コピーを取りたいので」と理由付けした場合、約93％の人が代わってくれる

注目は③。「コピーを取りたいので、コピーを取らせてください」では理由になっていません。それでも、②のきちんと理由を伝えた結果と大差ないのですから、驚きです。

この実験で、**軽めの要求においては、理由の中身よりも理由の有無が人の心理に影響する**ということが実証されました。

このように何らかの理由を言えば、相手が深く考えることなく行動を起こしてしまう心理現象を「カチッ・サー効果」と言います。テープレコーダーのスイッチをカチッと入れたら、自動的に再生が始まり「サー」という音がすることから来ている言葉だそうです。

まとめましょう。

理由は、人を動かすスイッチのような役割を果たしてくれる。そのため主張の後は、必

ず理由を言うようにします。

理由は何でも構いません。人は理由があることで納得し、心を動かされるのです。例では「人に優しいから」でしたが、次のように何でもいいのです。

繰り返します。**理由は、内容にかかわらず言うことが大事**。頭にたたき込んでください。

（例）

「いつも仕事をがんばっているからです」

「ゴハンを美味しそうに食べるからです」

「声がステキだからです」

E：具体例・根拠

次は具体例（Ｅｘａｍｐｌｅ・Ｅｖｉｄｅｎｃｅ）です。具体例がなくても話は成り立ちますが、主張の１００％が伝わらない可能性が高くなります。なぜなら、具体例がない話は説得力に欠けるからです。例えば、

A「私○○さんのことが好きなんです」
R「なぜなら、人に優しいからです」
A「だから私は、○○さんのことが好きなんです」

これでは少し、主張が弱まる感じがしませんか？

主張が弱まると、相手を動かす力も弱まります。

また、この理由だと「優しさ」の定義や意味合いが人によって異なるため、

「自分の何を見て『優しい』と言っているのかな？」

「異性としては、見られていないのかな」

と、色々な解釈が可能です。でも、具体例をあげれば、誤解を防ぐことができます。

「例えば、昨日も遅くまで1人で残業されていたのに、忘れ物を取りに来た私を気遣ってくれましたよね」

と言えば、

「あっ、あの気遣いが嬉しかったんだな」

「1人で残業していることにも気付いてくれたんだな」

と、心が動かされます。

解釈の曖昧さがなくなり、**少し他人ごとだった話が、一気に自分ごとになる**からです。

A：再主張

最後に再主張（Ａｓｓｅｒｔｉｏｎ）です。

「だから私は、○○さんのことが好きなんです」

この最後の主張で、人は心を射抜かれます。「主張・理由・具体例」だけを伝えて、「再主張」がないと、聞いている人は「あれっ？」と拍子抜けします。弓を引くだけで、射らないような感じです。話の順序はとても大切で、**最初に一度主張を伝えているにもかかわらず、最後がないと「だから何？」となってしまう**のです。

「主張・理由・具体例」は「再主張」のための準備にすぎません。しつこいようでも必ず、最後は再主張で締めるようにしましょう。

こじつけでも使ったもの勝ち！テレアポ「ＡＲＥＡ」実践編

では、このＡＲＥＡをテレアポに当てはめてみましょう。

テレアポでＡＲＥＡ話法を駆使する場面は、断り文句に「ちょうどよかった！」と切り返したあとでしたね。聞く態勢ができた相手に対して、ＡＲＥＡ話法の「Ａ（主張）」

で切り込んでいきましょう。各フレーズの始めの言葉は、以下になります。

①「ちょうどよかった！」＋主張
②「なぜなら」（理由）
③「例えば」（例）
④「だから」（再主張）

この始めの言葉を言えば、理由や例えも言わざるを得なくなります。

内容は多少苦しくても、こじつけでも構いませんが、プラスの理由、プラスの例えであることが絶対条件です。

以下、家庭教師派遣のテレアポの例で見ていきましょう。


「もし、体験授業を受けるとしたら、平日と土日だったらどちらがよろしいですか」

「けっこうです」

「そうですよね～、わかりました！　ちなみに何か理由はありますでしょうか？」

「うちの子は成績がいいので」

「ちょうどよかったです！　成績がいいお子さんほど、気に入っていただける内容

なんです（主張）」（①）

「なぜなら、そのお子さんの学力を飛びぬけて伸ばす、オリジナルカリキュラムが組めるからです」（②）

「例えば、どんなに成績がいいお子さんでも、学校ではみんなと同じことしか学べませんよね。

でも、弊社では特に優秀なお子さんのための教材も取り揃えており、理科を伸ばしたいならトップクラスの理科を、英語を伸ばしたいならトップクラスの英語をお伝えして、お子さんがお持ちの可能性の芽をどんどん育てることができます。お母さんも、もしお子さんが何かの分野で飛びぬけて成功して、世の中に貢献する人になったら、すごく嬉しくないですか？」（③）

「だから、弊社の家庭教師は、成績がいいお子さんほど気に入っていただけるんです」（④）

これがAREA話法を使った、ベネフィットの伝え方です。相手のイメージを喚起する「もし」も使って、衝動を高めていきます。

シンプルですが、知っていると知らないとでは大違いで、使いこなせば人生が広がります。色々な場面で試して、習慣づけてください。

ただし、一般的な例えでも主張は伝わりますので、慣れるまでは、あまりこだわらずにフローチャートを進めていきましょう。

「即アポ」フローチャート成功トーク例のまとめ

では、ここで1章すべてのおさらいを兼ねて、アポの3度押しから商談に入り、見事アポを獲得した成功例をまとめてみましょう。長い例になりますが、本章の技術を思い出しながら、読んでください。

アポ設定前（日時設定）

（電話をかける）
「はい、○○でございます」（相手が電話を取る）
「もしもし〜↑」（笑顔を乗せて第一声）
「あっ、私、家庭教師○○の、学習アドバイザーの堀口と申します！」
（リアクション＋ハキハキと自己紹介）

「本日は、家庭教師の無料体験に関するご連絡で、お電話させていただきました」

（早い段階で趣旨説明）

「けっこうです」（話の途中で断る）

「あっ、そうですよね〜。いきなりですもんね！　でね、」

（3倍の反応で共感＋流す）

「お子さんが楽しく勉強できて、みるみる成績が上がると大好評の無料体験のご案内ですので、ぜひこの機会にお話を聞いてみてください」

（ベネフィット＋訴求）

「もし、無料体験を受けられるとしたら、平日か土日か、どちらがご都合がよろしいですか？」（もし＋二者択一でアポ設定①）

「けっこうです」（反射的に断る）

（アポ設定1回目トライ終了）

「そうなんですね〜。あ、ちなみに何か、理由などはございますか？」

（3倍の反応で共感＋理由を聞く）

「忙しいので」

「そうですよね〜！　あ、ちなみにお忙しいのって、お母さんですか？　お子さんですか？」（3倍の反応で共感＋理由の詳細を聞く）

「子どもが、部活で」

「あっ、ちょうどよかったですー！」

（リアクション＋「ちょうどよかった」でプラスに転化）

「えっ？」（聞く態勢ができる）

「忙しいお子さんほど、喜んでくれる体験授業なんです〜（A）！　なぜなら、お子さんの生活リズムや苦手科目に合わせたカリキュラムを作成できるからです（R）。例えば、カリキュラム通りに、部活のない日に1日30分の勉強をするだけで、テストの点数が5教科で150点も上がって、成績がクラスで5番以内になったお子さんもいらっしゃいます！　みなさん、勉強のコツがわかって、楽に成績が上がったとおっしゃってくれるんですよ（E）。」（AREAでベネフィットを伝える）

「お母さんも、もし、お子さんが部活と勉強を無理なく両立できて、しかも短期間でみるみる成果が上がったらいかがですか？」（「もし」でイメージスイッチを押す）

「それはまあ……」

「いいですよねえ〜！　だから、忙しいお子さんほど喜んでくれるんです（A）」（3倍で共感＋再主張）

「もし、無料体験を受けられるとしたら、平日か土日か、どちらがよろしいですか？」（もし＋二者択一でアポ設定②）
「でも、もう塾に行っているので」（警戒心で断る）
（アポ設定2回目トライ終了）
「あっ、ちょうどよかったです━！　塾に行っている方にも、すごく喜んでもらっている体験なんです（A）。なぜなら、家庭教師と塾は全然違うんですよ（R）。例えば、弊社独自のカリキュラムは、ひとりひとり専用になっているんですよ。
もし、お子さんがこれを使えば、やり方が自分にぴったりだから、ご自宅でもどんどん勉強をするようになるんです。そして、勉強が楽しくなった！　って言ってくれるんですよ（E）。もし、そんな風に言われたら気分はいかがですか？」
「まあ……いいですね」
「いいですよねえ～！　だから、塾に行っているお子さんほど喜んでくれるんです（A）。もし、そんなカリキュラムが手に入る無料体験を受けられるとしたら、平日か土日か、どちらがよろしいですか？」（アポ設定②と同じ流れで、アポ設定③）
「うーん、まあそんなに言うなら、土日かな」（ちょっと上からOK）
（アポ設定3回目トライ成功）

「土日ですね、ありがとうございます～！　もし今週末だったら、土曜か日曜日、どちらがご都合よろしいですか？」

（オウム返し＋3倍の反応、もし＋小刻みな二者択一）

「え、まあ……日曜日ですかね」

「日曜日ですね、ありがとうございます！では、日曜日の午後3時ごろと、夜7時ごろだったらどちらがご都合よろしいですか？」

「うーん、夕方より1時とか2時の方が」

「1時とか2時ですね。ちょっとお調べしますので、お待ちくださいね。……あっ午後1時、大丈夫です～！」

（オウム返し＋逆提案にすぐ飛びつかない）

「あ、じゃあ1時で」（内心「よかったー」）

「1時ですね、かしこまりました！それでは、○月○日、日曜日の午後1時に、これまで1000人以上の生徒さんの成績を劇的にアップさせてきた、ベテラン学習アドバイザーがお伺いしますので、ぜひお話聞いてみてくださいね」

（アポ日時のまとめ、権威づけ＋訴求）

「はい」（日時設定の成功）

アポ設定後（抑え）

・ここから抑えに入り、重要事項を確定させていく
・抑えは商談の伏線になるだけでなく、追加依頼にもなるので、気軽なアポに重みを持たせることができる（キャンセル抑止効果）
・相手に深く考える隙を与えず、テンポよく話をすすめることが重要

「ありがとうございます！　当日は、しっかりヒアリングさせていただき、2時間ほどで、お子さんにぴったりの学習カリキュラムを完成しますので、楽しみにしていてくださいね」（アポのお礼＋所要時間の抑え＋楽しみ訴求①）
「はい」
「お子さんの成績が、短期間でみるみるあがるコツが満載ですので、当日は、机に学校の教材と筆記用具を用意して、お子さんと一緒に楽しみにお待ちくださいね」（ベネフィット＋環境設定の抑え＋楽しみ訴求②）
「はい」
「スタートした場合は、だいたい月額2万円と教材費がかかります。お金のかかることですので、お父さんにも同席してもらってくださいね。」（料金の目安の抑え＋決裁

者同席の抑え）

「はい」

「体験して、このやり方は合わないなと思ったら、断ってくださってけっこうです。でも、**もし気に入っていただけたら、この機会にスタートしてみてくださいね**」

（**【最重要】**即決依頼の抑え）

「はい」

「あと、ご住所は〇〇の1-2-3でお間違いなかったでしょうか？」

（場所確認の抑え）

「はい」

「ありがとうございます！　では、当日は単なる家庭教師の先生ではなく、福山雅治にそっくりだと評判の、弊社ナンバーワンのスーパー学習アドバイザーが伺いますので、もし、ドアを開けられたらびっくりするかもしれませんが、楽しみにしていてくださいね～！」（イメージスイッチ＋楽しみ訴求③）

「はい（笑）」

「本日は、お時間をとっていただきありがとうございました。日曜日はどうぞよろしくお願いいたします！　失礼いたします」（「よろしく訴求」で締めくくる）

「はい」

（相手が切るのを待って電話を切る）
・この後、アポを「有形化」するため、アポ日時を記載したお礼状をすぐに送る
・できればハガキで手書きし、相手との会話内容も書き添えておけば、キャンセルの確率がより下がる

以上、いかがでしたか？

いいアポがたくさん取れる人は、アポ設定の3度押しが当たり前にできている人です。

そして、このフローチャートの長所は、ひとつひとつのセリフではなく、「流れ」にこだわっているのでどんな商品でも使えるところです。

そして相手がどんな対応をしても、向こうから電話を切らない限りは、このフローチャートに引き戻してくればいいのです。

私はよく社員たちに、

「テレアポはトランプのエースを探す作業だ」

と言っています。

トランプのカードをめくるように、軽やかな気持ちで電話をかけ続けていれば、必ず一定の確率で「エース」、つまり契約が決まるお客様のアポが取れるからです。

本章で学んだ人を動かす技術は、テレアポに限らず、営業でも、プライベートでも使えます。ロープレなどで繰り返し練習し、日常生活でも活用してください。

第2章

（控えめにいって）契約率53.4%
「即決クロージング」技術

知るだけで笑っちゃうくらい契約が取れるクロージング時の3つの論理

ここからは、営業に携わる人には欠かせない「クロージング」についてお伝えします。

Webマーケティング（4〜5章）に成功し、いくら質のいいアポが取れても、**クロージングが苦手で契約にならなければ意味がありません**。

実は、クロージングの勝負は、アポ入れのときから始まっています。私がよくお伝えするのは、アプローチもアポ入れも、プレゼンテーションも、クロージングの伏線を張る作業だということです。

だからこそ、アポインター専門の方にも、クロージングについて熟知しておいてほしいのです。現場を知ることで、クロージングを助けるアポ入れができ、クロージングの成功が契約数となり、契約数がトップアポインターへの道を作ります。

クローザーとアポインターは、切っても切れない運命共同体なのです。商談を自ら行う方はもちろん、アポインター専門の方も、一緒にクロージングを学びながら、成約に向けての逆算思考を行っていきましょう。

ちなみに、本書の通りに、Webマーケティング経由でアポ入れを行った場合、商談時の「プレゼンテーション」の部分は大幅にカットできます。

なぜなら、マーケティングで引き寄せられてきたお客様は、あなたの商品やサービスに潜在的な興味を持っているからです。ステーキを食べたくてステーキハウスに来た人に、肉についていちいち解説する必要がないのと同じです。

大切なのは、どのメニューを注文するか決めてもらうことです。

いずれにしろ、クロージングはしっかりと行います。単価が低い商品であれば、商品説明やお試し体験だけで売れることがありますが、高単価商品には通用しません。高単価商品のクロージングを成功させるポイントは、３つ。

①わたし
②あなた
③いま

です。

①「わたし」を権威づける

一言で言えば「権威づけ」です。

営業の基本は問題解決業です。医者が処方箋を交付して患者を治すように、営業も商品を提案して、お客様の問題を解決するのが基本です。

つまり、お客様の信頼を得なければ話になりません。いったい誰が医師免許を持たない人に、病気を治療されたいと思うでしょうか。Webマーケティングやテレアポで、お客様と多少関わっていても、対面で話すのはアポ当日が初めてということが多いと思います。そこで、自身の経歴や商品の実績を、相手に知ってもらう必要があります。

まずは**自己紹介とともに、あなたの実績や経験、これまで商品を用いて解決してきた問題について簡潔にお伝えしましょう**。たとえ新人でも、会社や商品の実績、そして問題解決への熱意を伝えることができます。身だしなみや挨拶も大切です。

第一印象であなたのプロ意識が伝われば、お客様は襟を正してあなたのアドバイスを聞こうとします。

ポイントは、**営業とお客様が横並びになるのではなく、営業はお客様の問題を解決する存在だと認識させる**ことです。あくまでも問題解決のアドバイザーとして、上からではなく礼儀正しく接してください。

営業は決して、卑屈になってはいけません。

立場的に、横並びや営業が下になってしまうと、お客様はあなたに対する敬意を忘れてしまいます。すると土壇場で、契約から逃げるための言い訳を平気で連発するようになるのです。

最高の状態は、お客様の「この人にこれからも教わりたいな」「この人との関係がここで切れたらもったいないな」と思わせることです。すると、お客様は自ら契約を決断します。

②「あなた」に問題提起をする

お客様への問題提起です。

問題提起では、お客様の現状と問題点を明確にし、悩みを深めてニーズを引き出します。質問法を駆使してヒヤリングを行い、お客様が見て見ぬふりをしている問題が出てくれば、なぜこんなことになったのかを容赦なく掘り下げていきます。そして、お客様に３つのイメージをさせてください。

・問題を放置したら永遠に解決しないこと
・このままだと未来はどうなるのか
・問題解決したら未来はどうなるのか

これも即決営業の㊙テクニックで、「天国と地獄を見せる」といいます。

この3つは、あなたの方からペラペラ話すことではありません。お客様のイメージを喚起し、**お客様自身が答えるように仕向けてください**。

なぜなら土壇場で、お客様自身の言葉が、最も効果的にお客様の背中を押してくれるからです。

背中の押し方は、契約から逃げようとするお客様に、「〇〇さんは、ご自身でこう言っていましたよね」と思い出させるだけです。するとお客様も、「そういえば自分でそう言ったんだった」と納得せざるを得ません。これが契約を決断する大きな原動力になります。

営業とお客様は同志です。「わたし」と「あなた」と「問題」を明確にすることで、単なる売り手と買い手ではなく、一緒に問題解決を目指す先生と生徒のような関係を作りましょう。

③「いま」決める理由を思い出させる

なぜ今、契約するのか、という意味です。

ここを決断させられなければ、結局、即決で契約を取ることはできません。ふつうに考えれば、問題解決のニーズがあり、商談を聞き、目標設定ができているなら、あとはスタートするのみです。

しかし、それでも「考えます」と言って、決断を先延ばしにしようとする人が必ず出てきます。そして１度でも「考えます」を受け入れてしまうと、成約率が13％以下になることは、すでにお伝えしました。その予防策として、即決営業では「先回り」というテクニックを使うことを徹底しています。具体的には、アポ設定時と商談開始前に必ずこの一言を言って、次のようにお客様のＹＥＳをもらっておきます。

「お話を聞いてみて、もし商品が気に入らなければ断っていただいても構いません。もし気に入っていただけたらこの機会にスタートしてみてくださいね」
「はい」

要するに、**無料で説明を聞いたからには答えはその場で出してくださいね**、という意味です。これを「即決依頼」といいます。

「はい」と答えたお客様が、土壇場で「考えます」と言いだしたら、事前にこの約束を2回もしていることを思い出してもらいましょう。


「お電話でもお伝えしましたし、先ほども、『お話を聞いてみて、もし商品が気に入らなければ断っていただいても構いません。もし気に入っていただけたらこの機会にスタートしてみてくださいね』とお伝えしましたよね」


この一言で、お客様には、今、答えを出さなければいけないというプレッシャーがかかります。

なぜなら、約束したからには答えを出さなければ、不誠実な人になってしまうからです。

このように、遠回しに約束違反を指摘すれば、お客様との関係を壊さずに決断を促すことができます。


以上が、高単価商品のクロージングを成功させる3つのポイントです。

「わたし」のところで、しっかり権威づけができていれば、お客様はあなたを尊敬し、関係を悪くしたくないと思っているため、契約を決断するでしょう。

また「あなた」のところで、しっかり問題提起と目標設定ができていれば、お客様は自身の未来のために一歩を踏み出すでしょう。

そして「いま」のところで、事前の２度の即決依頼を再確認し、お客様の「考えます」は絶対に受け入れないようにしましょう。「受け入れない」とは「契約を強制する」という意味ではなく、「契約する」か「契約しない」かを、二者択一で決断させるという意味です。

この「わたし」「あなた」「いま」の３つのキーワードから「考えます」をブロックするだけで、驚くほど成約率があがるのです。

クロージング前の「２つの伏線」で相手の断り文句を「正当」に攻略

①「抑え」時の「即決依頼」

営業には、土壇場でお客様に逃げられるという悩みがとても多いです。例えば、プレゼンテーションで反応が良かったお客様に、いざクロージングをかけたら、

「じっくり考えてから決めたい」

「私の一存では決められない」

「そんなに払えるお金がない」


などと言われてしまうパターンです。

あなただったらどう切り返しますか？

実はこれ、もう絶体絶命なのです。

なぜなら、普通に考えて、お客様の言い分が「正当」だからです。ここで「今すぐ決めてください」と無理に詰め寄っても、営業の言い分が「不当」になるため負けてしまいます。

このように「正当」対「不当」の戦いが起きると、正当な方が勝ちます。なぜなら「私は正当だ」と思っている方が、自分の意見を強く主張できるからです。

つまり、クロージングの段階で、不当の側にいる営業は、絶体絶命になってしまうのです。**お客様の正当な断り文句に勝つためには、立場を逆転させて、あなたが正当の側にならなければなりません。**

設定したルールを破った者が「不当」になる

しかし、それには準備が必要です。そこで、アプローチやプレゼンテーションの段階で、お客様にクロージングの「ルール」を伝えておけば、土壇場で、絶体絶命に陥るのを避けることができます。スポーツと同じで、**ルールがあれば、ルールを守った方が正当で、ルールを破った方が不当になる**からです。

つまり、立場を逆転させることができるのです。

例えば、先ほどお伝えした即決営業の基本テクニック「先回り」、これも、ルールの取り決めに当たります。お客様にしてほしいことや、してほしくないことを、あらかじめ伝えて、了承を得ておくのが先回りです。「即決依頼」も先回りのひとつです。復習になりますが、アポ設定時と商品説明前にこうお伝えします。

「商品が気に入らなければ、断っていただいても構いません。もし気に入ったら、この機会にスタートしてみてくださいね」

これは、「断るか契約するかを、その場で決断してね」というルールの提案です。「はい」と答えたお客様が、いざ、あなたのクロージングに対して、「今日は決められない」と言い出したら、ルール違反になります。

ですから、クロージングの段階で、このルールを再確認するだけで、あなたは正当な立場から即決を迫ることができるのです。

仮に、お客様が即決をしぶる理由が、「考えます」であっても、「お金がない」「自信がない」「相談したい」「比較したい」であっても、このルールは有効です。

オールマイティなテクニックですので、必ず使いこなせるようにしましょう。**使うタイミングは2回、アポ設定後の抑えの段階と、商品説明前**です。「即決依頼は2度行え」と、覚えておいてください。

②プレゼン時の「ニーズの引き出し」と「論点固定」

ニーズの引き出しは「サンキュー・バット」で行う

クロージングのために、プレゼンテーションで必ず行っておくことがあります。商品とお客様の接点を明確にすることです。商品とお客様の間に具体的な接点がなければ、商品の良さをいくらお客様にアピールしても絶対に売れません。

例えば、山ばかり行く人にクルーザーは売れませんし、子どもの成績に興味がない家に学習教材は売れません。それは、商品とお客様の間に、接点がないからです。

そこで、お客様の問題を解決し、希望を叶えるためには、商品が必要だということをしっかり理解させる必要があります。これを「ニーズの引き出し」といいます。

まず、クローズドクエスチョンよりさらに範囲を狭めた「限定質問」を使って、ニーズを引き出していきます。アポをＯＫした時点で、潜在的な興味やお悩みはあるわけですから、お客様の口からそれを語らせるだけです。限定質問は、あなたの商品に関係のある言葉を当てはめてこのように使います。

「□□でお悩みの方が多いのですが、〇〇様は□□などのお悩みはないですか？」
「特にないです」
「そうですよね、ありがとうございます。ただ、△△でお悩みの方も多いのですが、〇〇様は△△などのお悩みはないですか？」

この質問を、**「サンキュー・バット」を使って、お客様にヒットするまで繰り返せば、商品とお客様の接点が明確になります**。あなたの商品に関連するお悩みワードをいくつも用意しておき、限定質問に当てはめて使いましょう。

（例） 体脂肪、健康、運動不足、リバウンド、よく眠れない、疲れやすい、肩こり

論点固定で「問題解決のためにこの商品があります」と納得させる

限定質問でお客様の悩みが特定したら、次のようなフレーズで悩みを具体化させていきます。

「何が原因ですか」
「いつからですか」
「具体的にはどんな感じですか」

次に、お客様の悩みを深める質問を行います。

「このまま放っておいたら大変ですよね」
「どうして今まで解決しなかったんですか」

最後に、理想と現実のギャップを明らかにする質問を投げかけます。

「理想の状態はどのような状態ですか」
「いつまでにそうなりたいと思いますか」

さらに、お客様の理想と現実のギャップを数値化させ、しっかりと目標と期限の設定を行わせておきます。そして商品説明の前に、必ずその目標を再確認してください。

「では、○○様の目標は、３ヶ月以内に□□を解決することでよろしいですか？」
「はい」
「では、今からそのための商品をご紹介させていただきますね」
「はい」

これで**この商談は、営業のために行うものではなく、お客様の問題解決のために行うものになります**。これは「論点固定」というテクニックです。この論点固定までを、プレゼンテーションの前半でしっかり行います。

大切なことは、**ニーズや目標をすべて「お客様の口から」言わせること**です。最終的にお客様の背中を押すのは、お客様自身の口から出た言葉だからです。論点固定がしっかりできていれば、クロージングの土壇場で、お客様の断り文句に応酬することができます。

例えば、「今はまだ考えていない」と言われたら、

「このお話は、○○様が３ヶ月以内に□□を解決するために行っていましたよね」

と、商談の論点を再確認してください。

裏を返せば、「目標達成する気がないなら、なぜ今お話を聞いたんですか？」という意味です。

するとお客様も自分が言った目標を思い出し、

「話が聞きたかっただけ」
「今でなくてもいい」
「そんなに悩んでいない」

などの断り文句は言いにくくなります。**プレゼンテーションの段階で張っておく伏線が、クロージングの窮地を救ってくれる**のです。

クロージングの「入り」を相手に気づかせない「へびのしっぽ」話法

商品説明が終わって、料金説明に入るといよいよクロージングの段階です。

クロージングの入り方には「犬のしっぽではなく、ヘビのしっぽ」というコツがあります。犬のしっぽはどこから始まるかすぐにわかりますが、ヘビのしっぽはどこから始まるのかはっきりしません。

つまり、**クロージングが上手い営業は、「ヘビのしっぽ」のようにさりげなくクロージングに入っていきます**。お客様にとっては、商品説明を受けていると思ったら、いつの間にか契約を迫られているような状態です。

すると、お客様はリラックスしたまま話を聞くことができます。

一方、商品説明後にいきなり膝を正し、「犬のしっぽ」のようにクロージングを始めると、お客様が「来たな」と身構えてしまいます。いったん守りに入ったお客様からは、取れる契約も取れなくなりますので、「クロージングはヘビのしっぽ」と覚えておきましょう。

「仮」でいいから、細かい契約内容を決める

私はこれまで、多くの営業を育成してきました。

そして、即決で契約が取れない人には、2つの共通点があることに気付きました。

ひとつは、「ご契約ください」「ご決断ください」という訴求を、はっきり行っていないことです。

もうひとつは、訴求は何度かしていても、そのタイミングをことごとく誤っていることです。


例えば、学習教材の会社で、商談がアウトになった営業が私に報告の電話をしてくると、このような会話になります。


「今日どうだった?」

「すみません、後日返事になってしまいました」

「そうなんだ、後日返事ね。訴求はしたの?」

「はい」

「何回訴求した?」

「3回です。でもお父さんがアポの時間に帰って来なかったので、お母さんに『どうしても主人と相談しないと決められない』と言われました。明日、電話で返事をもらう約束です」

「そうなんだ、明日、電話で返事ね。で、もしお父さんのＯＫが出たら、何教科の契約になりそう？　５教科？　３教科？」

「いいえ、まだそこまでは決まっていません」

「えっ？　まだ決まってないの！」

私がなぜ驚いたか、わかりますか？

この営業は、**契約内容がまだ決まっていないのに、お客様に3回も訴求をして、決断を迫っている**のです。

これではお客様は、一体、何を決断していいのかわかりません。ゴルフで言えば、まだ旗も見えない距離から、ホールインワンばかり狙うようなものです。本気で球を入れたい人は、まず旗に寄せますよね。

そして、ここだ！　というポイントに来てから、カップを狙います。

契約も同じです。契約内容という的が明らかになっていない状態で訴求を繰り返しても、お客様の即決は得られません。そこで、先に決めておくべき契約内容は、この3点です。

・コース内容（商品の種類）
・支払い方法
・支払い回数

この3点さえ決まっていれば、お客様も何について決断すればいいのかがわかります。

この話をすると必ず、

「でも、契約すると決まっていないのに、そんなに細かい契約内容を決めるのは無理ですよね」

と言ってくる人がいます。でも実は、ちゃんとそのためのテクニックがあります。それが、契約内容の「仮決定」です。

「仮決定」は「もし＋二者択一」でつめる

仮決定の方法は、まずあなたがおすすめのコース内容を、

「私だったらこのコースにします」

といって、具体的に紹介します。そして他のコース例も簡単に紹介し、料金表を読みあげておきます。それから、テレアポでも活躍した「もし＋二者択一」の質問法を使います。

つまり、このようになります。


「もし○○様が契約されるとしたら、５教科と３教科だったらどちらがよろしいですか？」

「うーん、塾もあるから、やるとしたら３教科かな」

「３教科ですね、ありがとうございます。もし３教科にされるとしたら、理系コースと文系コースだったらどちらがよろしいですか？」

「うちの子だったら、やっぱり理系コースかな」

「理系コースですね、ありがとうございます。もし理系コースだったら、一括払いと分割払いだったら、どちらがよろしいですか？」

「いや、まだ買うと決めたわけじゃないけど。でもまあ、分割払いかな」

「分割払いですね、ありがとうございます。もし分割払いなら、クレジットカード払いと口座振替だったら、どちらがよろしいですか？」

「口座振替かな」

「口座振替ですね、ありがとうございます。もし口座振替でしたら、月々○万円の

「12回払いと、月々○万円の24回払いだったらどちらがよろしいですか？」

「いや、買うと決めたわけじゃないから」

「ですよね、もし購入されるとしたらでけっこうですので、どちらでしょうか？」

「じゃあ、まあ24回払いかな」

「24回払いですね、ありがとうございます」


このように、**仮決定のテクニックを使えば、まだ契約すると決まっていないお客様の、「理想の契約内容」を明らかにすることができます。**

まとめますね。

・コース内容（商品の種類）
・支払い方法
・支払い回数

この3点を仮決定し、的を明確にしてから訴求することが、即決契約率をアップさせる秘訣です。もちろん、テレアポと同様に、**すべての商談で複数回の訴求をすることも忘れないようにしましょう。1度訴求をしたあとは、ベネフィットやお客様が契約した方がい**

3つの特典を今すぐGETしてください！

書籍購入者限定の3大特典の内容とは？

100種以上の
テンプレート集から
7種を厳選！

即決営業テンプレート7種

東証一部上場企業が
大満足した、
即決営業の研修内容が
あなたの手に！

即決営業企業研修音声データ48分

「こんなに効果が
あるなら、もっと早く
相談したかった！」
と、喜びの声が殺到！

営業お悩み相談スペシャル券(30分〜)

10秒で完了！公式LINEに登録するだけで
営業力を劇的にUPする特典が手に入ります！

即決営業公式LINEに無料登録し
『即アポ』とコメントしてください！

IDで無料登録をされる場合は「@sokketsu」と検索
(@をお忘れなく)

各業界の企業さまが、即決営業のテンプレートとメソッドを用い、
企業研修を導入されて営業部の成約率が大幅にアップしています！

＼実際に体験された方々の声／

結論から言うと契約率が一気に上がりました。
私は新卒2年目で、ちょうど同行から単独で営業に出るタイミングでしたが、テンプレートを使い、教わったことをそのままやって、すばすぱ契約が決まるようになりました。本当にありがとうございます！

(20代　会社員)

それまで比較的、成約率が低かった社員が即決営業のテンプレートを使った結果、5件を受注100%で決めてきました。
売上も、すでに1千万以上は上がったので年間で1億円以上の価値がある内容だと思っております！

(30代　会社員)

まったく契約を取れていなかった社員が、今は平均1日1件以上の契約をあげています。別支店のトップセールスに追いつくほどの成果を出しているので、非常にありがたいです。
値段がつけられないほどなので、ぜひ受けるべきだと思います！

(40代　会社員)

行動を起こしたあなたに、私が責任をもって、
営業力アップさせて頂きます！
LINEであなたとお話できる事を楽しみにしています！

株式会社即決営業 代表取締役　堀口 龍介

裏面に即決営業公式LINEアカウントの登録方法が記載しております。ご確認のうえ、ぜひご登録ください。

い理由をたくさん並べながら再訴求すると効果的です。

これを「クロージングのシャワー」と言います。**最も効果的なシャワーは、ニーズの引き出しや論点固定で、お客様が自分の口から言った言葉**です。

「○○様はもっとこうなりたいとおっしゃっていましたよね」

と言って、迷っているお客様の背中を押してみましょう。

相手を「決断」に誘導する２つのキーワード

「５Ｋの言い訳」の攻略

ここで思い出してほしいのは、「敵対営業」という営業の基本です。高単価商品を売るには、ほぼ１００％の確率で、お客様の断り文句と戦わなければなりません。

なぜならお客様は大金を失いたくないので、土壇場になると必死で抵抗してくるからです。そこで、即決営業では、お客様の断り文句のパターンを予測し、アポ入れの時から予防線を張っています。断り文句は、ほぼこの5パターンです。

「解決したいわけではないので」
「聞かないとわからないので」
「比べないとわからないので」
「継続できるか不安なので」
「経済的に余裕がないので」

これを、「かきくけけ」ではじまる「5Kの言い訳」と呼びます。即決依頼や論点固定の伏線によって、お客様の「考えます」を退けると、次の断り文句として、5Kのどれかが出てくるはずです。キーワードは2つ。

①相手の「羞恥心」を刺激する「すり替え」

ひとつ目は、「すり替え」です。

すり替えとは、**お客様の羞恥心を刺激して、5Kの言い訳を攻略するテクニック**です。

多くの人は、恥をかくことをとても怖れます。
ですから、すり替えによって自分の断り文句が「恥ずかしいこと」だと感じると、お客様はそれ以上の言い訳をしなくなります。すり替えのキーワードには

「無責任」
「不誠実」
「優柔不断」

などがあり、このように使います。

「他社と比べたいので」
↓「迷っていても何も変わりません。トップにとって大切なことは、会社のためにいつ動くかです」（優柔不断さを指摘）
「お金がないので」
↓「私も仕事で来ていますが、解決する気がないのにお話を聞かれたのですか？」（不誠実さを指摘）

「主人に相談してから」

↓「お母さんがここで決断しなければ、お子さんの将来を諦めることになってしまいます」（無責任さを指摘）

そして、**お客様がそんな恥ずかしい人にはなりたくないと思っているタイミングで、すかさず「再訴求」を行います**。

「ですから、ぜひこの機会にご決断ください」

5Kの言い訳を攻略するもうひとつのキーワードは、「約束違反」です。約束違反も、人として「恥ずかしいこと」に当たります。

ただ、約束違反を「すり替え」に使うためには、前もってお客様といくつかの約束をしておくことが必要です。

②決断しないことを「約束違反」にする

ここで1章で紹介した「抑え」のテクニックが生きてくるのです。

あなたは**すでにアポの時点で、①当日行うこと（所要時間）、②料金の目安、③決裁者の同席依頼、④即決依頼をお伝えしていたはず**（50ページ）。

この4つがクロージング当日のあなたを助けてくれます。少し高度なテクニックですが、4つの抑えに対して相手の同意を得ておけば、いざクロージングの段階で、

「時間がない」
「私だけでは決められない」

などと言われても、

「お電話でこうお伝えしましたよね」

と言えば、相手の「約束違反」と戦えます。

そして最後は、正当な側が戦いに勝つことになります。抑えもクロージングのための伏線の一種です。アポインターが抑えをしっかり行うことで、契約へのシュートを打つ営業に、最高のパスをつなぐことができます。

テレアポの技術次第で、契約に直結するアポ設定を行うことができるのです。

クロージングを締めくくる「バタンナップ」5つの方法で契約キャンセルを驚異的に減らす

一度は契約書を書いたお客様が、後日キャンセルやクーリングオフを希望することがあります。

例えば、

- 家族や友人に反対された
- 退職、病気などで収入が減った
- 家庭の事情で支出が増えた
- 続けていく自信がなくなった
- 部署が変わった

など理由はさまざまですが、営業にとっては、あまりにもショックな出来事です。

このようなネガティブな理由によるキャンセルを減らすには、契約直後に「バタンナップ」を行います。

直訳すれば「ボタンをかけて閉じる」、つまり**契約後にボタンを掛け直して、契約を完璧に仕上げること**です。

バタンナップは、お客様の、

「これでよかったの？」

という不安や疑問を解消し、キャンセルのリスクを回避するために行います。

契約は、営業にとってはゴールですが、お客様にとってはスタートです。

ですから**契約後は、気持ちが後ろ向きにならないように、明るい未来をイメージさせ、とことん前を向かせてあげることが大切**です。

以下、具体的な５つの方法を紹介します。

①お客様の手で封筒などに収めてもらう

これは、晴れの門出に行うテープカットの意味合いがあります。

お客様自らが、記入後の契約書を封筒やファイルに収めることで、

「自分の意志で契約したんだな」

という達成感と責任感が芽生えます。

また、営業が去ってから、第三者が置きっぱなしの契約書を見かけて、お客様にネガティブな横やりを入れるリスクも防ぐことができます。

②これからの課題を与える

これは、お客様を後ろ向きにさせないために行います。

「まず1週間以内に○○をやってみてください。できたら私にお電話くださいね」

このように、**近々やるべきことと期限を指定**してあげます。

すると、お客様の目は不安よりも目の前の課題と未来に向き、営業への信頼度も高まります。問題解決に向けてスタートしたものの、今すぐやるべきことがわからなければ、お客様の気持ちはだんだん後ろ向きになってしまいます。高額契約の場合は特に、お金を払うことばかりに意識が向いてしまうからです。

ですから、「これから何をすればいいのか」を具体的に提示することが大切です。

③他のお客様の成功例を伝える

これは、お客様の自信喪失を防ぐために行います。**意識が明るい未来に向くと、「続けられないかも」「うまくいかないかも」というネガティブな考えに引っ張られにくくなります**。

「先月契約されたシングルマザーのお客様も、どんどん目標達成して、すごく喜ばれています。昨日もちょうど『社内で初めて表彰されました！　もっと早く始めればよかったです』と報告してくれたんですよ。○○さんの報告も楽しみにしていますね」

ここで必要なのは演技力です。『社内で初めて表彰されました！　もっと早く始めればよかったです』、この引用部分は、とことん本人になりきって言う必要があります。

すると、お客様のイメージ力がぐんと高まり、「私も成功できそう」と希望がわきます。

たとえセリフの本人が異性でも、声や表情を思い出して真似てみてください。目の前のお客様が笑顔になれば大成功です。

「人は楽しいから笑うのではなく、笑うから楽しくなる」という説があるほど、笑うことはお客様のその後の気分に影響するからです。

そして、あなたにいい報告ができるように、自分もがんばろうと思います。せっかくスタートしたからには、ワクワク感が持続するように、多くのパターンの成功例を伝えてあげてください。私はこれを「明るい未来シャワーを浴びせる」と、表現しています。

④長居する

これは、あなたへの信頼度を高め、お客様の不安を解消させる効果があります。**契約書を書き終えたからといって、そそくさと帰ってしまうと、お客様にとっては「売りたいだけの営業だったんだな」という印象になります**。

すると、信頼が損なわれ、キャンセルの要因になりかねません。

契約を終えて心が解放的になったお客様は、饒舌になっています。

そこで、あなたが長居してやるべきことは、お客様が「もうそろそろ」と言い出すまで、お客様の話をひたすら聞くこと。疑問や不安が出てきたらその場で解消させ、雑談には「100％同意」と「3倍のリアクション」で反応し、お客様が気持ちよく話せる状態を作ります。人は自分に反応してくれる人を好きになるので、お客様に思う存分喋ってもらいましょう。あなたが聞き上手に徹することで、信頼度や好感度をあげることができます。

それが、後日キャンセルの抑止力になるのです。

⑤「くれぐれも訴求」を行う

即決営業では、契約の最後もやっぱり「訴求」で締めます。ここでの訴求は「くれぐれも訴求」です。帰り際はこのように、無邪気な笑顔で、礼儀正しく挨拶してください。

「今日はありがとうございました。○○様のお役に立てるよう精一杯がんばりますので、くれぐれもよろしくお願いいたします」

実は、**この「くれぐれも」には「キャンセルのないようお願いしますね」という意味が込められています**。私はあなたを信じていますよ、という意味です。

営業の最後の言葉は、お客様の印象に強く残るものです。

ですから、後に「支払いが苦しいからやっぱりキャンセルしようかな」と魔が差したとしても、「でもくれぐれもよろしくって言われたしな……」とあなたの笑顔を思い出してくれることでしょう。

以上、5つの「バタンナップ」の方法をお伝えしました。どれも簡単にできて、キャンセルを防ぐ最後の砦になるので、習慣づけておいてください。

第3章

14年間「会話分析」してわかった「自己流」の限界

データ分析の鬼
自己成長も人材育成も思い通り

本章は、データ分析を行う立場にいる人向けに書いています。

「さっさと個人でもできるWebマーケティングを習いたい」という人は、本章は飛ばしていただいてけっこうです。

さて、これまでご紹介してきたトーク術には、**人の心理以外にもうひとつ重要な要素が含まれています。それはデータ**です。私はあるきっかけで、データ分析に目覚めました。

即決営業は、2015年にたった3人のスタッフから生まれました。私は設立15年目になる学習教材の訪問販売会社を経営していますが、即決営業は、当初オーナー社長である私と、営業社員が1人、広報担当が1人の3人だけでした。

ただ「営業を通じて世界中の人々を笑顔にするために、即決営業メソッドを広めたい」という一心で設立しました。メソッドの内容については、私だけではなく、学習教材の会社で営業社員たちが実践し、14年以上も成果を出し続けているため、絶対の自信がありました。ただ、内容の良さだけでは世の中に広まらないことも、よくわかっていました。

しかし結果的には、設立後の4年間で4冊の本を出版し、多くのメディアに取り上げていただき、検索エンジン等でも上位にヒットするようになりました。今ではスタッフも増え、営業に関するご相談やセミナーのご依頼など、毎日いくつものお問い合わせをいただいています。

では、なぜ小さかった無名の会社が、これほど急激に知られるようになったのか？

それは、私たちには学習教材の会社で培った「データ分析力」があったからです。社内データの分析だけではなく、Ｗｅｂマーケティングに成功している他社のデータも、心理学や脳科学のデータも、できる限り集めて分析し、次々と取り入れました。

それが実を結び、短期間で即決営業に興味を持ってくれる人が増えました。データの力は、正確で強力です。現在みなさんに提供している**「即決営業メソッド」と、本書でご紹介しているＷｅｂマーケティングも、１４年間のデータ分析の要素を結集させたもの**です。

社員の前で「土下座」するほどの「どん底」経営期

私が本当の意味で、データの重要性に気付いたのは、会社がどん底のときでした。ことの発端は、２０１０年、特定商取引法の改正（※施行は２００９年12月）による影響で、一時的にクレジットカード決済が使えなくなったことです。売上げは急激に落ち、さらにはスタッフの長期的な反発が爆発したことによるボイコットや、会議で50人の前で土下座をすることになるなど、負の連鎖が「これでもか！」と起こりました。

その後、私は会社を立て直すため、大幅な業務改善や管理職の入れ替え、拠点の分散など、考えられる限りの改革を行いました。

おかげで数年後には、グループ会社を合わせて年商5億円にまで復活することができたのですが、その過程で最も苦労したのは、スタッフの育成でした。拠点の分散により、各支店にもトップと人を育成できる人材が必要になりました。かといって、管理職の総入れ替えを行ったばかりの本店にも、人材の余裕がありません。とにかく最速で育てるしか道がなかったのです。

データ分析は社員に「納得」を与える

これは後でわかったことですが、私がスタッフから反発を受けたのも、私の方針やメソッドを、納得できる形で伝えられていなかったことが主な原因でした。トッププレイヤーとして7年間やってきた営業経験から、私は「こうしたら売れる」「これでは売れない」と感覚でわかっていたため、スタッフに必要だと思ったことは、確信をもってどんどん指示を出しました。

しかし、スタッフ目線で見ると、理由もわからず納得もできないまま、ただ大量のルールを押し付けられているだけだったのです。

今思えば、私個人の実績しかエビデンスがなかったのですから当然です。それでも勘のいい営業や、私と似たタイプの営業が、指示を守って即決にこだわり、成果を出してくれていたので、あのクレジットカード事件までは、会社は順調に見えました。そして、事件後、どん底に転がり落ちて、ようやく私は気づいたのです。「会社をやるなら、自分だけが納得できて、自分だけが使いこなせる営業メソッドには何の意味もない」と。

メソッドにすると社員が勝手に育つ

そこで、まずは私の「即決営業メソッド」を育成に活かすため、誰もが再現しやすいように体系化しようと思いました。そこから私は、データ分析の鬼になります。商談やテレアポの録音など、学習教材の会社の設立時から取っていた過去5年分のデータを聞き直すと、さまざまな興味深い事実が明らかになりました。

・売れる営業と、売れない営業の違い
・即決で契約を取った場合と、保留になった場合の成約率の差
・電話を自分から切るアポインターと、切られるまで粘るアポインターのアポ取得率の差

このデータを見ると、

「売るためにはどう行動すればいいのか？」

「なぜ即決を迫らなければならないのか」

「なぜアポ訴求を3回しなければならないのか？」

などが一目瞭然でした。そしてスタッフに指示を出すときも、分析結果を見せると、すぐにただの押し付けではないと理解し、実践してくれました。私の代わりに、データが語り、育成を後押ししてくれたのです。

なぜ即決営業は「3訴求」をルールとしたのか アポ訴求率とアポ取得率の関係

私が過去に、5年分の全営業社員の商談やテレアポをすべて録音、分析し、「即決営業メソッド」の体系化に役立てたことはよく知られています。

しかし、分析の詳細については、これまで語ったことがありませんでした。そこで、即決営業初のテレアポ本となる本書では、特に「テレアポデータ」の分析から導き出したポイントをお伝えしてみようと思います。

「はじめに」でも出しましたが、再度、テレアポのデータをご覧ください。

「どん底」事件後からはデータの取り方も工夫し、積極的にＡＢテストなどを取り入れるようになりました。

例えばこのグラフは、「アポ訴求」の回数にあえて変化をつけて取ったデータから作成したものです。アポ訴求とは、「アポの設定に挑んだ数」のことであり、「ご興味ありますか？」などの軽い提案とは異なります。

【０訴求】趣旨説明や提案だけを行い、相手の回答に従うアポインター
【１訴求】趣旨説明後、１度アポ訴求をして、断られたら諦めるアポインター
【３訴求】趣旨説明と１度のアポ訴求で断られても、２度押し、３度押しを行うアポインター

１訴求、３訴求を担当するアポインターは、可能な限りそれを挑む気持ちで電話をかけるという前提です。

所定の回数のアポ設定を挑むまで、自分から「またお願いします」などと言って電話を切ることはしませんが、アポ訴求を挑む前に、相手から一方的に電話を切られた場合でも

アポ分析のデータ（再掲）

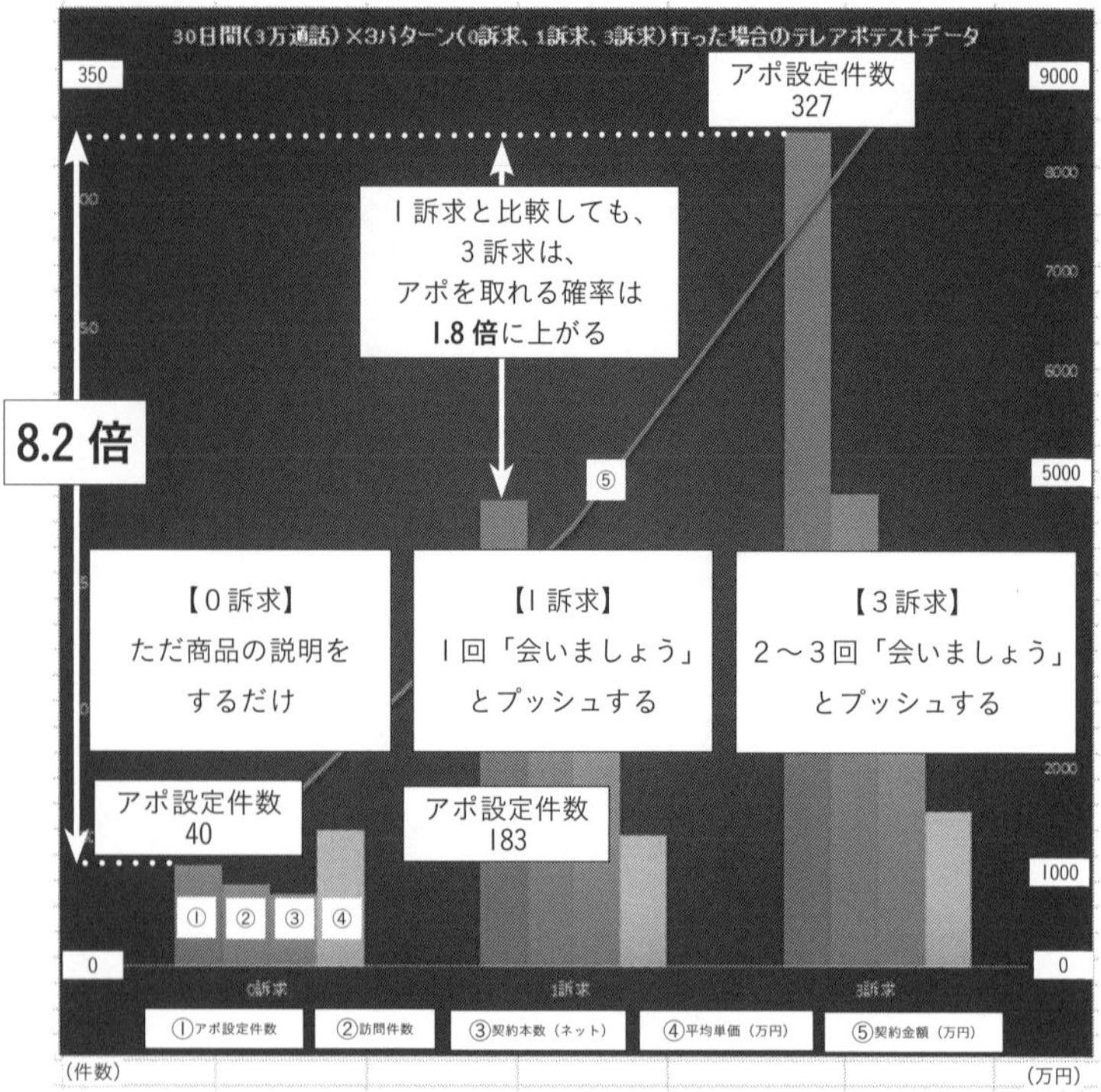

0訴求			1訴求			3訴求		
通話件数	30000	割合	通話件数	30000	割合	通話件数	30000	割合
アポ設定件数	40	0.132%	アポ設定件数	183	0.609%	アポ設定件数	327	1.089%
訪問件数	32	80%	訪問件数	111	61%	訪問件数	185	57%
契約本数(ネット)	28	88%	契約本数(ネット)	87	78%	契約本数(ネット)	141	76%
平均単価(万円)	53.4		平均単価(万円)	51.1		平均単価(万円)	60.7	
契約金額(万円)	1495		契約金額(万円)	4446		契約金額(万円)	8559	

分母の３万件に含まれます。

なお、私の会社では、もともと【３訴求】がルールですが、データ取得のために、２支店で計９名のアポインターを使って、この実験を行いました。そして営業経験３年以上で、営業力が安定している６人の営業を現場に行かせるようにしました。すると面白いことがわかります。

【０訴求】考察

「詳しくお話を聞いてみませんか？」のような提案だけで、積極的にアポの日時設定を仕掛けないため、タイミングよく商品を求めていた相手（今すぐ客）からしかアポを取ることができません。ですから、アポ設定数はかなり少なくなりますが、アポキャンセル率は低く、成約率は高くなり、成約単価は平均的になります。

【１訴求】考察

「平日か土日だったら、どちらがご都合よろしいですか？」などのアポ訴求まで話を持っていくため、最初の提案で反射的に断ってしまった人や、押しに弱い人からもアポが取れる場合があります。その結果、アポ設定数はある程度増え、その分アポキャン率が高くなり、成約率と平均単価も低めになります。

【3訴求】考察

最初の提案を断られても話を戻し、2度押し、3度押しを行うため、1通話の平均時間は長めになります。最も押しが強くなり、アポ設定数は増えますが、アポキャン率も高くなり、成約率も多少下がります。しかし、注目してほしいのが金額の部分です。3訴求だと、同じ3万件のテレアポを行った1訴求と2訴求に比べて、契約金額と平均単価が最も高くなるのです。

私はこれを、**3訴求を行うことで相手の本音が引き出せ、最も必要とする人に商品が届くからだと考案しています。最も「契約につながるお客様」を探せるのが、3訴求**だということです。ですから、私の学習教材の会社では、3訴求をルール化しているのです。

これまであまりデータを重視してこなかった方は、電話の録音機能やボイスレコーダーなどを活用して、1週間、1ヶ月とデータ収集を行ってみてください。データの量にあまりこだわらなくても、それを考察するだけで思わぬ発見があると思います。

ちなみに、4〜5章のWebマーケティングについては、SNSに簡単な分析機能やグラフがついているものが多いため、まずはそれらを活用しましょう。

そしてデータ分析で知り得たことは、すぐ次の行動に反映させるようにし、忘れずにデータを取ってください。データ収集を習慣づけることが大切です。

録音チェックの重要性
リーダーに欠かせないデータ分析

先ほどもお話ししましたが、もしあなたに部下がいれば、育成のために、なおさらデータが必要になります。

なぜなら、営業の成長には、テレアポや商談に対して、**「データの分析結果」という客観的な視点から助言できる管理者が不可欠**だからです。

即決営業では、社員のテレアポと商談をすべて録音して、管理者による「訴求チェック」というものを行っています。訴求が甘くなっている人がいたら、本人に録音を聞いてもらったり、管理者からアドバイスしたりして、高いアポ設定率と、契約率をキープします。

管理者がチェックすべきは、データから導き出された「ルール」を守っているかどうかです。

例えば、

・提案ではなく、ちゃんとアポ訴求をしているか？
・自分から電話を切っていないか？
・アポ訴求は3回を基本にしているか？
・慣れて自己流に逃げていないか？

などを、定期的にチェックするようにします。

そして、部下にルールを伝えるときは、なぜそれをやるべきなのかまで、丁寧に説明します。**個人的な意見で業務のハードルをあげると反発が生まれやすいため、そう感じさせないように、根拠となるデータを示すことが大切**です。

例えば、先ほどのテレアポで「1度断られたら自分から電話を切ってしまう人」と「断られても3回までアポ訴求をする人」の、契約単価や金額の差をグラフで示せば、どちらが効果的なのかすぐにわかります。

あとは、データの考察を行いながら、なぜ効果的なのか理由を解説しましょう。データが多いほど、信頼度が高まります。

自己流に陥ると必ず成果は下がる

しかし、いくらルールと根拠を伝えて納得させても、実践をチェックする人がいなければ、すぐにやらなくなってしまいます。最初はよくアポが入っていたのに、だんだんスランプになって辞めてしまうアポインターが多いのは、ビギナーズラックが消えたからではなく、いつの間にか自己流のやり方になっているからです。

確かに人間同士の会話ですから臨機応変さも求められますが、それはあくまでルール内の話。アポ取りでいうなら、柔軟に話しながらも、頭の中では「フローチャート」を意識しなければなりません。

効果を第一に考えたら、ルール通りに行うのが一番なのですが、**慣れてくるとつい、勝手な自己判断で「この人は押してもムダだな」と電話を切ってしまったり、自分が話しやすいようにトークをアレンジしたりしてしまう**のです。

一方、実践したことを管理者がチェックし、努力が評価されるとわかれば、営業もアポインターも、言われたことを進んで守ろうとします。新人が前を向き続けるためには、チェックが必要なのです。

ビジネスには常に目的があり、チームごとに、それを数値化した個々の目標があります。忘れてはいけないことは、「目標を効率よく達成するためには、何が効果的なのか？」という効果本位の視点です。そしてデータが必ず、その答えを与えてくれます。テレアポやWebマーケティングを行う上で、積極的にデータ分析を役立ててみてください。

※本書のデータ分析まとめ
・データ集計の大部分は、2015年設立の「即決営業」と2005年設立の別会社（教材販売会社）を合わせたもの。
・契約率76・2％は、【3訴求の実験】（3万通話）において、商談回数185回、契約数141本の数字。
・契約率53・4％は、集計期間2011年1月〜2019年9月において、商談回数1万703回、契約数5711本の数字（研修・新人スタッフ含める）。

第4章

アポ取りを10倍ラクにする
ネットで「見込み客」を取る方法

アポにWebが活用できる新時代「根性営業」の終焉

ここからはWebマーケティングについて、詳しくお伝えしていきます。マーケティングとは、ざっくり言えば、商品を売りやすくするための仕組み作りのことです。リサーチやプロモーションなど複数の要素がありますが、中でも代表的なのが「広告宣伝活動」です。

2000年頃までは、広告や宣伝は大企業が行うものでした。

なぜならインターネットやSNSが普及するまでは、広告媒体といえば、新聞やテレビ、雑誌、ラジオなどのマスメディア、または看板、交通広告、イベントなど、莫大な資金が必要だったからです。

しかし2004年頃からのLINEやFacebook、Instagram、Twitter、YouTubeなどの爆発的な普及により、誰でも手軽に、しかも無料でWebマーケティングが行えるようになりました。**中小企業や個人事業主が活躍できる、ソーシャルメディア時代の到来**です。

スマートフォンを持っていて、これまでに一度もSNSをやったことがないという方は、かなり少ないと思います。このことは、私たち営業やテレフォンアポインターにとって何を意味するのでしょうか？　それは、あてもなく見込み客を探し回らなくても、お願い営業にならなくても、Ｗｅｂマーケティングを上手く使えば、商品のターゲットを引き寄せて育てることができるということです。

電話帳に載っている番号にひたすら電話をかけ続けたり、靴をすり減らして１軒１軒の家を訪ねてまわったりしていた、根性営業時代の終焉とも言えるでしょう。

Ｗｅｂマーケでアポ取得率と契約率は大幅アップ

想像してみてください。見ず知らずの人にいきなり電話してアポを取るのと、あなたの商品に興味を持ってくれた人に電話をしてアポを取るのと、どちらがやりやすいでしょうか？　最初から商品に興味があるとわかっている相手に電話をかけるなら、アポ入れのストレスが大幅に減少し、アポ取得率と契約率は大幅にアップすると思いませんか？　商品に限らず、相手があなたの会社に興味があったり、あなたの存在を知っていたりするだけでも、アポの取りやすさがぜんぜん違います。

例えば、以前から即決営業のメソッドや活動に好感を持っている人なら、即決営業から電話がかかってきたら、話くらいは聞こうかなと思ってくれますよね。そしてアポインターと話すうちに、どんどん心が開いて「そういえば……」と、自分では意識していなかった悩みに気付き、解決への意欲からアポをOKする人もたくさんいます。

そのときは悩みを思いつかなくても、アポインターのプロフェッショナルな対応に、これからも応援したいと思ってくれるかもしれません。そして後日、いざ営業に関するお悩みが出てきたときに、「そうだ、即決営業に相談してみよう！」と、自ら連絡をくれる人も珍しくないのです。これはもう、アポに直結します。**自分にメリットがあるとわかれば、人は動く**のです。

Webマーケティングの力を使えば、テレアポにこのような好循環を起こすことができます。

契約までの労力を大幅カット 「穴」が欲しい人にドリルを売り込むな！

「ドリルを買う人が欲しいのは、『穴』である」という有名な格言があります。

1968年に出版されたセオドア・レビット博士の著書『マーケティング発想法』の冒頭の言葉です。この格言のもとになったのは、「昨年、4分の1インチ・ドリルが100万個売れたが、これは人びとが4分の1インチ・ドリルを欲したからでなく、4分の1インチの穴を欲したからである」というレオ・マックギブナの言葉です。

私はこれを初めて聞いたとき、売り手側から買い手側へと、視点が180度切り替わりました。時代を超えてマーケティングの本質を簡潔に表した、見事な格言ではないでしょうか。

問題解決型の商品の場合、お客様は商品そのものではなく、商品が生み出す「結果」や「利益」を欲しがります。

つまり、ドリル自体がどんなに高性能だろうが、低価格だろうが、見栄えがよかろうが、ターゲットが求める「穴」を生み出せなければ、お客様にとっては価値がないのです。

「目の前のお客様が欲しているものは何なのか？」「私の商品はどのようにそれを満たせるのか？」マーケティングにおいては、常にこのことを意識しておかなければなりません。

そして、お客様には、あなたの商品によって望みが叶った状態をイメージさせます。

すでに営業に携わっている方なら、「セールスポイント」と「ベネフィット」という言葉を聞いたことがあると思います。セールスポイントとは商品の特徴のことで、ベネフィットとは商品によって得られる利点のことです。

例えばシャンプーなら、「保湿成分30％配合」や「ボタニカルフローラルの香り」などがセールスポイントです。そして「どんなダメージヘアも、７日間でしっとりツヤツヤ」「汗ばむ季節も、1日中フローラルの香りが続いて好感度アップ！」こちらがベネフィットです。どちらがお客様のイメージ力をかきたてるか、すぐにわかりますよね。セールスポイントだけではなくベネフィットまで伝えることで、このシャンプーが何をもたらすかが明確になり、お客様の購買意欲が高まります。

ベネフィットが伝わる写真をアップ

次は、このシャンプーを売るために、ＦａｃｅｂｏｏｋなどのＳＮＳに写真を載せる場合について少し考えてみてください。あなただったら、どんな写真を使うでしょうか？

情報としてはシャンプー本体の写真も必要ですが、最もお客様の目を引くのは、ベネフィットを表す写真です。

例えば、美しい女優さんがツヤツヤの髪をなびかせながら振り返っている写真や、オフィスで同僚たちから憧れの視線を向けられている写真を載せておけば、そのような願望のあるお客様が興味をひかれます。

一方、シャンプー本体の写真がどんなに美しくても、穴が欲しい人にドリルを売りこむようなもので、得られるものが一目でわからないとお客様には響かないのです。

さらに、ベネフィットの効果を最大限に高めてくれるのが「ビフォーアフター」、つまり商品使用前ＶＳ使用後のことです。

例えば、ぼさぼさ髪の女優さんが同僚から冷たい視線を向けられている「ビフォー写真」と、ツヤツヤ髪の女優さんが同僚からあこがれの視線を向けられている「アフター写真」を並べておけば、お客様は「このシャンプーを使えば、私もこうなれるかも」と思います。アフロ風爆発ヘアとスーパーストレートなど、ビフォーアフターの差が大きいほど、お客様に与えるインパクトも大きくなります。

基本的に、人は比較によってしか、ものの良し悪しを判断できません。ですから、**あなたの商品の価値を高めるような比較対象を用意しておく**ことが、セールスでもマーケティングでも、重要なポイントになります。

そしてＳＮＳでビフォーアフターを何度も目にしたお客様の潜在意識には、「このシャンプー、なんだかよさそう」と刷り込まれます。そしてある日、たまたま店頭でシャンプーを見かけたら「あっ、これ気になっていたから使ってみようかな」という気持ちになるのです。この心の動きは、高単価商品でも同じです。

このようにＷｅｂマーケティングを上手く取り入れると、アポを取る前に、お客様の心を商品に向けておくことができるため、契約までの労力を大幅にカットすることができます。

SNSの普及が営業にもたらす激変 メルマガはもう時代遅れ？

Webマーケティングを使ってアポを取るには、「ブランディング」と「導線」が必要になります。

ブランディングとは、ターゲット層にあなたの活動や商品を知ってもらい、狙いに合った「ブランドイメージ」を定着させていくことです。

そして導線とは、お客様とのファーストコンタクトから契約までの道筋のことです。導線をしっかり引いておかなければ、せっかくのWebマーケティングが、ただのSNSのお友達作りで徒労に終わってしまうことになります。

かつてはメルマガがこの導線の主流でした。HPやブログでは相手が見に来てくれるのを待つしかなく、消極的な告知しかできません。そこで、HPやブログでメルマガを宣伝し、なるべく多くの人をメルマガ登録に誘導します。

すると、あなたの情報に関心がある人が「メルマガ読者」としてグループ化され、セミナーや商品説明会などの積極的な告知がいつでも行えるようになります。また、読者に役立ちそうな情報や、お客様の喜びの声、メディア出演などの情報を定期的に配信すれば、ブランディングもあがります。

SNSの普及でメルマガの効果は低くなった

しかし今ではSNSの普及によりメール離れが進み、メルマガの開封率や到着率が下がりました。そこで**メルマガに変わって、手軽に双方向のやりとりができるLINE公式アカウント（旧LINE@）を使う人が急増**しています。あなたも、無料スタンプなどをダウンロードする際に、LINE公式アカウントのお友だち追加をすすめられた経験があるのではないでしょうか。

Webマーケティングとテレアポを融合させるためには、あなたの活動に関心のあるグループを継続的に作っておく必要があります。HPなどで一般公開されている情報よりも、よりコアな情報を、直接届けるためです。これが見込み客の「母体」になります。

そこで、LINE公式アカウントなどのSNSを使えば、メルマガよりも密接に母体と関わることができます。SNSの最大の利点は、相互間で気軽にやりとりができるところです。1対1でも、グループ間でもメッセージが送りあえます。SNSによっては「未読スルー」なのか「既読スルー」なのかの判別も可能です。

そして、チャンスが来たら素早く対応することで、「鉄は熱いうちに打て」ということわざの通り、アポ取得率や契約率もあがります。

さらにＳＮＳには、電話番号やメールアドレスなどの個人情報を知らないままでも、お互いが自ら公開している情報だけでやりとりできるメリットがあります。

つまり、警戒心のハードルが低くなるということです。関係性や好みに合わせて、「いいね」や「シェア」、そしてコメントやメッセージなど、やりとりの深さも自由に選ぶことができます。

もちろん対企業であればメールが基本ですし、ブランディングとしてはメルマガもあるに越したことはありません。ただ、メインの導線としてはＳＮＳからＬＩＮＥ公式アカウントに誘導できればベストです。まずは次ページの図を参考に、あなたの理想の導線をイメージしてみましょう。

メインの導線例（1対1で動かす）

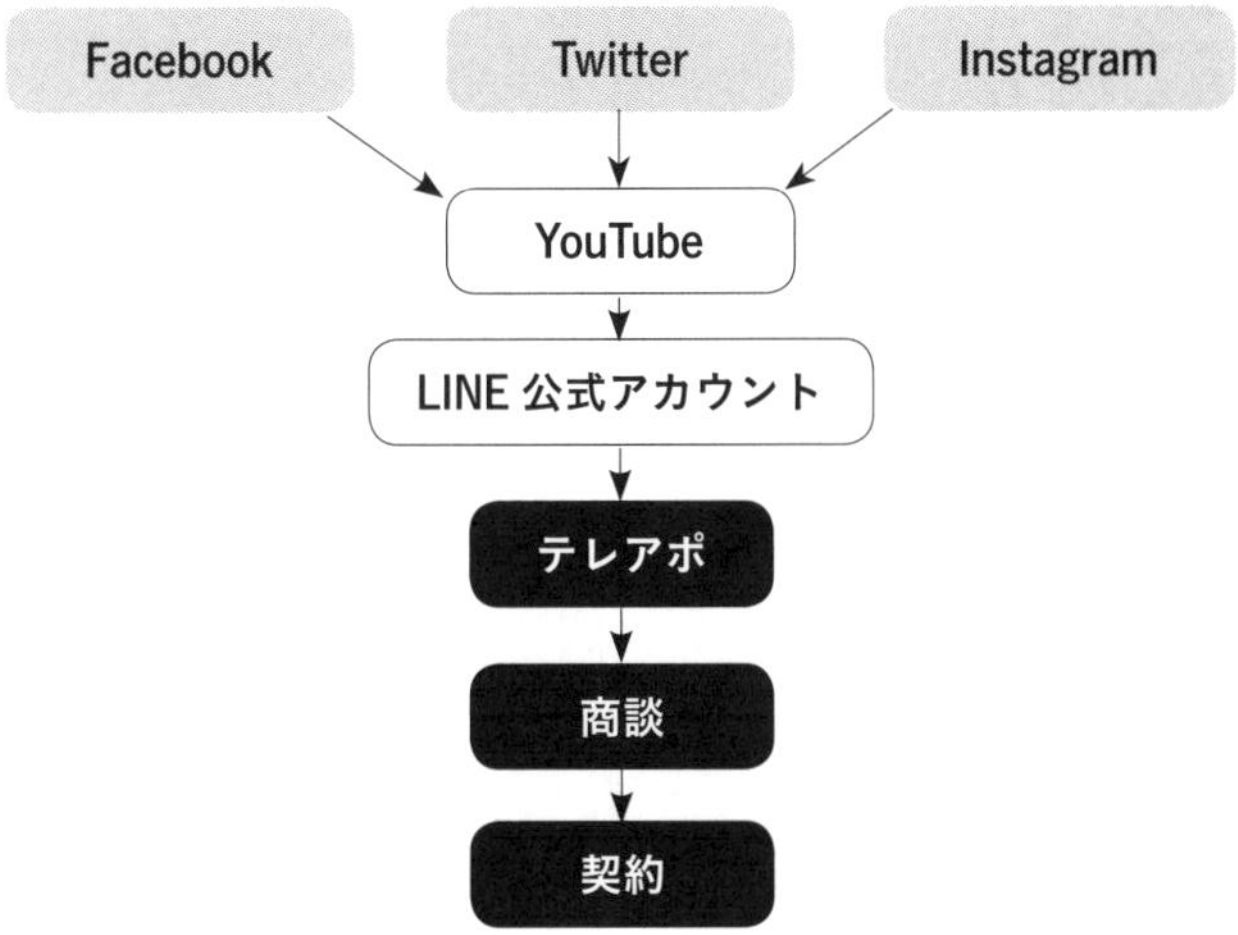

サブの導線例（集団で動かす）

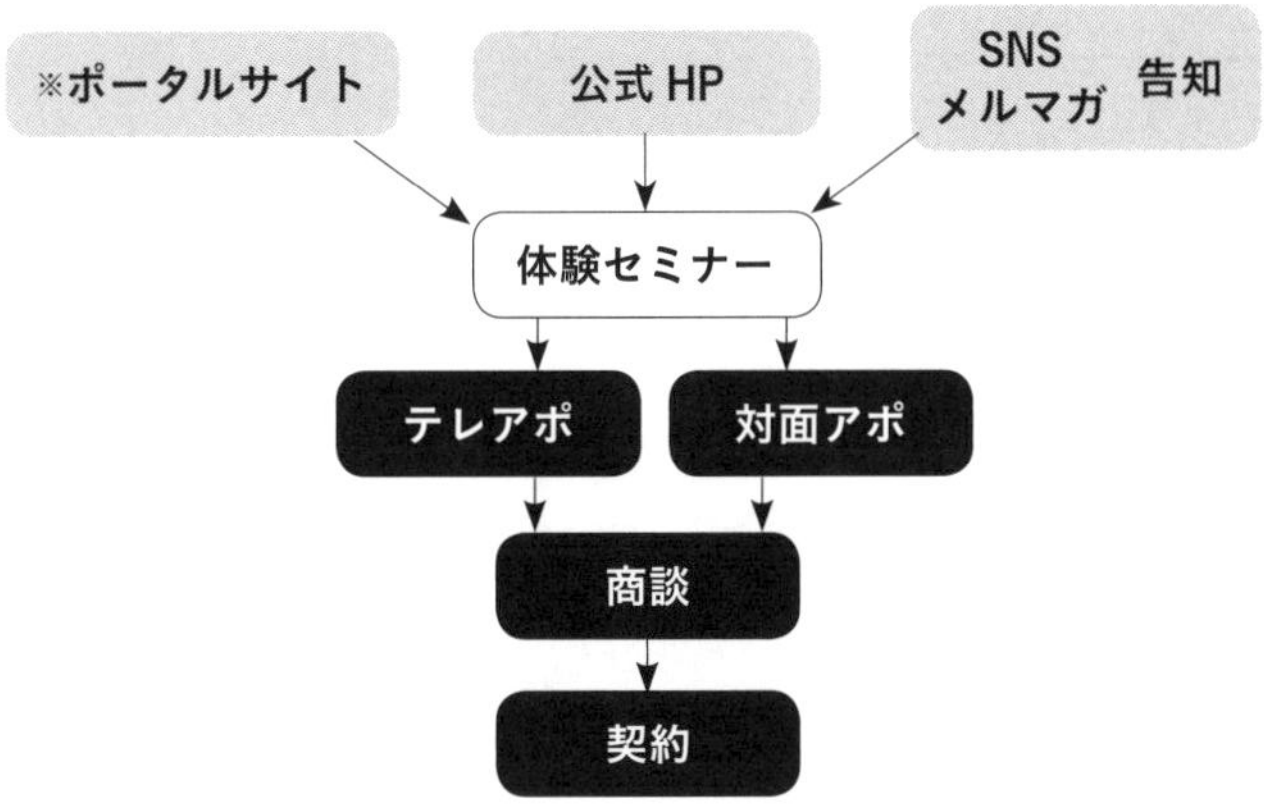

※ポータルサイトとは「こくちーずプロ」や「セミナー情報.com」など、
申し込みフォーム一体型のセミナー案内を掲載できる外部サイト。

このように契約までの流れをあらかじめ想定しておき、複数の通過点をしっかりと決めておきます。メインは入口（最初に出会った場所）から母体となるグループ（LINE公式アカウント）に誘導し、グループ内でやりとりを行い、そこから契約につながる見込み客を絞っていくイメージです。

私も多くの導線を試してみましたが、最終的にLINE公式アカウントとテレアポを組み合わせることで、契約までの道のりを最も短縮し、高い成約率をキープすることができました。SNSの普及が、営業界にもすばらしい変化をもたらしてくれたのです。

なお、お客様のスタートまでに余計な時間をかけないことは、売り手側の都合だけではありません。私の20年以上の営業経験から、時間をかけて決まる契約なら、その場でも決まるはずです。また、スタートを先延ばしにするタイプのお客様は、外からの明確な働きかけがない限り永遠に動かないものです。ですから、売り手側がお客様の時間をできるだけ奪わずに、いち早く問題解決への一歩を踏み出してもらうことは、お客様にとってもプラスになることなのです。

Webマーケが資金力ゼロの個人でもできる理由

すでに多くの企業や個人事業主がＳＮＳを使ったＷｅｂマーケティングを取り入れています。**Ｗｅｂマーケティングのすごいところは、資金ゼロの個人でも、世界中を舞台にできること**です。

ＳＮＳの中では個人の趣味が自由に表現されるため、多種多様なニーズが存在し、これまで露出していなかった市場を見つけることが可能です。そしてＴＶや新聞などのマスメディアを一切使わなくても、遠方のユーザーにあなたの商品を認知させることもできます。つまり、Ｗｅｂマーケティングによって、あなたが売りたいものを、それを必要としているユーザーに、広く届けることが可能になったのです。

例えば、長年、地元だけで愛されていた食材やコアな書籍などが、Ｗｅｂマーケティングの成功で世に知られ、口コミで爆発的に売れ始めることもあります。お取り寄せスイーツやグルメなどもその典型です。

ここで市場におけるあなたの商品のポジションについて少し考えてみましょう。「ＳＴＰ分析」という、マーケティングの基本的なフレームワーク（ひな型）を使います。マーケティング論の権威である、フィリップ・コトラー博士が提唱したものです。

ＳＴＰは、以下の３つの頭文字から来ています。

S：セグメンテーション（市場の細分化）
T：ターゲティング（標的市場の決定）
P：ポジショニング（立ち位置の明確化）

どの市場でどのような価値を提供していくかによって、あなたの会社や商品が生き残れるかが決定づけられます。

そこで、数ある市場の中から（S）、自社商品に合った競合の少ない市場を選び（T）、さらに自社ならではの何かに特化することで優位性を高めていく（P）わけです。

これが「STP分析」です。ポジショニングまで決まれば、顧客層、デザイン、広告の出し方など、商品をどのように売り出すべきかが明確になってきます。

STP分析例

例えば、栄養ドリンク市場で戦う場合でも、売り出し方はさまざまです。

A：エネルギッシュな男性向け
B：慢性疲労、体調不良の人向け

C：美しくありたい女性向け

そして、Aのエネルギッシュな男性向けでも、さらに細分化ができます。

A-1：40代ビジネスマンが仕事用に飲む
A-2：30代スポーツマンが試合前に飲む
A-3：20代男性が朝まで遊ぶために飲む

このように細かく設定していく必要があります。それによって商品名やパッケージ、広告デザインのタイプも決まってきます。

a-1：オフィスで浮かないようシンプルに
a-2：即効性のありそうな力強いイメージに
a-3：遊び心を入れてスタイリッシュに

STP分析とは、このように、「どうすれば自社商品やサービスが他社よりも優位になるのか？」を追求していくものです。つまり**勝てる土俵を探すことが目的**なのです。

ポジショニング例

同じ栄養ドリンクでも、具体的な商品をいくつかイメージしてみれば、それぞれのポジショニングが微妙に違っていることがわかると思います。

・リゲイン　・リポビタンD　・キューピーコーワゴールド
・レッドブル　・モンスターエナジー

先の3つは回復系、後の2つは一時的にパワーを増すイメージではないでしょうか？仮に成分が似ていても、元気が平常時を下回っているときに飲んで回復をはかるのか、平常時に飲んでさらにパワーアップしたいのかで、購入層が異なります。他社との競合が少なく、十分な購入層を確保できるポイントを見つけられたら、ポジショニング成功です。例えばコーヒーショップにも多くのお店がありますが、「スターバックス」「ドトール」「ベローチェ」「コメダ珈琲」「星乃珈琲店」など、どれもイメージや名物が異なりますよね。だからこそ顧客がかぶりすぎることなく、生き残っていけるのです。

商品ではなく人の場合でも、ポジショニングが明確でないと、「あの人、最近テレビで

よく見るけど、何をしている人かわからないよね」と言われてしまいます。例えば、

・ワイドショーの毒舌コメンテーターといえば〇〇さん
・日本を代表するオペラ歌手といえば〇〇さん
・ちょいワル親父といえば〇〇さん

このように、**特定の位置付けで認識してもらおうと決めることが、ポジショニング**です。そしてポジショニング通りのイメージを、ターゲットに定着させていくことがブランディングです。ポジショニングを意識した導線作りを行いましょう。

なぜ、Webマーケをアポ取りに組みこめば最強なのか

ここからはWebマーケティングの方法について、具体的にお伝えしていきます。
まず、一般的な営業活動は、次の3ステップで行われています。

①アプローチでお客様に近づいてアポを取る
②プレゼンテーションで商品の価値を理解させる
③クロージングで契約を決断させる

大々的な広告を打つことができる大手を除き、従来はこの3ステップをしっかりと踏むことが必要でした。

しかし今や、個人事業主や中小企業でも、Ｗｅｂマーケティングの活用によって、アプローチやプレゼンテーションを大幅に簡略化できるようになりました。Ｗｅｂマーケティングの力が、まるで磁石のように働き、商品に向かってお客様を引き寄せてくれるからです。さらに、テレアポを組みこめば最強です。Ｗｅｂマーケティングとテレアポの融合で、契約への最短ルートができあがるのです。

Ｗｅｂマーケにおける「導線」を考える

Ｗｅｂマーケティングを始めるには、あなたの商品に合わせた「導線」を考えます。ターゲットの年齢層やポジショニングに合わせて、Ｆａｃｅｂｏｏｋ、ＴｗｉｔｔｅｒなどのＳＮＳを平行して使いましょう。さらに、可能なら

ＹｏｕＴｕｂｅを導線に取り入れてください。ＹｏｕＴｕｂｅは視聴者に比べて発信者が少ないため、注目を集めるのに最適です。即決営業への問い合わせも、ＹｏｕＴｕｂｅからの比率が最も高くなっています。

例えば、私はＹｏｕＴｕｂｅで「即決営業塾」という営業メソッド動画を１８０本以上アップしています。不定期でＹｏｕＴｕｂｅライブも行い、その場で視聴者の方のお悩みにお答えしています。この積み重ねで、営業に関心がある視聴者が、即決営業という会社を覚えたり、ＹｏｕＴｕｂｅのチャンネル登録を行ったりしてくれます。

即決営業の場合、ＹｏｕＴｕｂｅの次の導線に使っているのが、ＬＩＮＥ公式アカウントです。ＬＩＮＥ公式アカウントを通じて、ＹｏｕＴｕｂｅでは見られない限定公開の動画や、無料セミナーの情報や、最新ニュースなどを定期的に配信しています。新コンテンツや書籍のためのアンケートに、任意でご協力いただくこともあります。

すると、ＬＩＮＥでさまざまなお問い合わせをいただきますので、ご希望の方には、電話での個別アドバイスや、対面コンサルティングのご提案を行っていきます。いったんこの流れができてしまえば、継続的にアポが入るようになります。これがＷｅｂマーケティングを使ってアポを取る方法の一例です。

こうして入ったアポでは、一般的な営業活動に比べて、アプローチとプレゼンテーションの段階が大幅に簡略化できます。

なぜならアポ当日にやってくるのは、すでにあなたを信頼し、悩みや課題を自覚している相手であり、彼らが欲しいものは、商品説明よりもベネフィット、つまり悩みの解決策だからです。

ただ、今どきＹｏｕＴｕｂｅやＬＩＮＥ公式アカウントを使っている経営者や個人事業主は大勢います。しかし、すべてがアポや売上げに結びついているわけではありません。その最大の原因は、「導線」をしっかり引けていないからです。**導線がないWebマーケティングは、単なるSNSのお友達づくりにすぎません。**

あなたも、まずは導線を図に描き、なじみやすいＳＮＳで導線の入口を作ることからスタートしてみてください。

すべてのWeb要素を統括せよ！腸だけが健康でも意味がない

あなたは健康に関心の高い人でしょうか？　少し前に「腸は第二の脳」だといって、腸活ブームが起こりました。

しかし、乳酸菌や食物繊維を熱心に摂取して、いくら腸だけを活性化しても健康は手に入りません。睡眠、食事、適度な運動など、さまざまな要素を整えて、腸以外の内臓も元気になったときに、あなたは健康になれるのです。

Webマーケティングの仕組みも、これに似ています。

例えばインスタブームだからといって、Instagramだけ活性化させても、Instagramのフォロワーが増えるだけで、マーケティング効果はほとんどありません。Webマーケティングを成功させるためには、複数のWeb要素を、導線によって関連づけて動かす必要があります。コツは、ユーザーが導線を移動する際の手間を、できる限り減らすことです。

即決営業はYouTube視聴者からの問い合わせが多いと言いましたが、それは**動画を気に入ってくれた人が、即決営業と簡単に連絡が取れるように、仕掛けを施してあるから**です。具体的には、動画の終了画面や概要から、ワンプッシュで即決営業LINE公式アカウントに飛べるようになっています。すると視聴者は、思いついたその場で、お友だち追加を行うことができるのです。

仮に、逆の立場で考えてみましょう。

あなたがあるYouTube動画を見て「この講師の話、すごくいいな」と思ったら、次はどうするでしょうか？　このタイミングで、わかりやすい導線がなければ、ほとんどの場合、「思い出したらまた見よう」でおしまいです。少し行動力のある人なら、YouTubeの付属機能でチャンネル登録を行うでしょう。この登録率も、動画内に、チャンネル登録への誘導があるかないかで全然違ってきます。

そして、チャンネル登録だけをしていても、よほどのニーズがない限り、わざわざ配信者に問い合わせをしようとは思わないでしょう。

このように、せっかくユーザーに関心を持ってもらえても、そのタイミングで次に行くべき場所と方法が示されていなければ、ユーザーは迷子になって帰ってしまうのです。それを防ぎながら、あなたが望むゴールまでユーザーを一気に誘導するのが、導線の役割です。**すべてのユーザーは「面倒くさがり」で「熱しやすく冷めやすい」**ということを肝に銘じて、次の2つのポイントを押さえておきましょう。

「一気誘導」のための2大ポイント

①ユーザーが目的地に直行できるようにする

Web上で、多くのユーザーをゴールに導くためには、「交通の便」が大きく影響します。例えば海外旅行でも、直通なら8時間のところを、直行便がないために乗り継ぎで22時間かかったりすると行く気が失せてしまいますよね。Webでもいまだに多く見かけますが、いちいちHPやトップページに戻らないと、次に飛べないような仕組みは良くありません。ユーザーの多くが途中離脱してしまうからです。それを防ぐためには、ユーザーがどのＳＮＳにいても、ユーザーが希望するところに「ワンクリック」「ワンタップ」で飛べるようにしておかなければなりません。

〈例〉
「プレゼントが欲しい方はＬＩＮＥ公式アカウントへ」
「動画でメソッドを学びたい方はＹｏｕＴｕｂｅへ」
「無料セミナーに参加したい方はセミナー一覧へ」
「会社情報を見たい方は公式ＨＰへ」
「各種お問い合わせはＴＥＬまたはメールでお気軽に♪」

言葉でも誘導しておけば、ユーザーは自分がどこに行けばいいのかすぐにわかります。特にあなたがユーザーを導きたいところは、赤字にするなど目立たせておきましょう。

②認知コストを下げる

これは、ユーザーがパッと見ただけで「ここを押せば○○に飛べる」とわかるように、表示を明確にしておくということです。つまり、先ほどあげた例をいかに見やすく

Ｗｅｂ上に配置するかです。例えば、スタイリッシュすぎるＨＰだと、どこを押せば会社情報が出てくるのかわからないことがありますよね。すると表示を探している間に、多くのユーザーが「もういいや」と離脱してしまいます。以下、ユーザー目線のＮＧパターンです。

（例）

・どこを押せばいいのかわからない
・押したらどこに飛ぶのかわからない
・押してみたものの思ったところに飛べない
・表示が曖昧なせいでＷｅｂ上でたらい回しになる
・いちいちトップページに戻らされる

このようにＷｅｂマーケティングを失敗させる要因は、「見にくい」「わかりにくい」「スムーズに移動できない」「時間がかかる」ことです。

逆にＷｅｂ上の認知コストが低ければ低いほど、ユーザーは積極的にあなたに近づいてきてくれます。そうすればアポももう目前です。Ｗｅｂマーケティングでは、いかにお客様の認知コストを下げるかを、常に意識しておきましょう。

アポを成功させるSNS活用法
「単なるお友達集め」からの脱却

Webマーケティングの入り口として最も使いやすいのが、Facebook、Instagram、Twitterの3大SNSです。あなたもすでに、いくつかのアカウントを動かしているかもしれません。この3大SNSをWebマーケティングに活用する前に、まずは以下のことを簡単に書き出してみてください。

①商品、またはサービス内容
②商品・サービスの代表価格帯
③理想のペルソナ（ターゲット）
④ブランディング（どんなイメージを見る人にもたせたいか）
⑤ブランディングに合った投稿テーマ

(例)

①高級ブランドの腕時計
②80～500万円
③45歳の成功しているIT社長。ファッションに関心が高くブランドスーツを着こなす。
海外出張も多く仕事と遊びのメリハリはしっかりつけるタイプ
④選ばれた人しか持てない、ステイタスを象徴する時計
⑤時計にまつわる逸話や、腕時計が映えるシーンを投稿

ブランディングとSNSの方向性を合わせる

次は書き出したものを参考に、ブランディングとSNSアカウントの方向性を合わせていきます。ただ、個人アカウントで商品宣伝が多いと警戒されてしまいますので、日常投稿をメインにしましょう。**投稿内容がターゲット層に嫌われない限り、あなたの個性をどんどん表現した方が、ユーザーはあなたに近寄りやすくなります。**

投稿を作成するときは、次のように考える習慣をつけてください。

「これを見た人は、私をどんな人だと思うのか?」
「これを見た人は、私から商品を買いたいと思うのか?」

ただ、普段からプライベートで３大ＳＮＳを利用している場合は、注意点があります。それは、距離感が近い人とのＳＮＳ上での関わり方です。あなたがブランディングを意識し始めると、プロフィール写真や投稿の雰囲気がこれまでとは変わります。

それに対して、古い友人などが悪気なくコメント欄で冷やかしたり盛り上がったりすると、ブランディングが崩れる場合があります。コメント欄でのやりとりは、他のユーザーにも見られてしまうからです。

他にも、ビジネス上は伏せておきたい情報を、気軽にコメントで書かれて困ることもあります。このように、ＳＮＳでのあなたのイメージは、投稿内容だけではなく、コメント欄や友人、そして誰かの投稿にあなたが登場したり、コメントしたりした場合にも作られていきます。

ブランディングを保つため、昔からの友人には、あらかじめ理解を求めておきましょう。

「ターゲット」に自分の存在を知らせる超カンタンな方法

３大ＳＮＳの日々の使い方で大切なことは、ターゲットにあなたの存在を知ってもらい、ターゲットの関心を引き、信頼度を高めることです。

そのためには、プロフィール写真で顔を出し、投稿は全体公開にし、ターゲット層に役立つ情報や、好まれそうな投稿をマメにアップしていくことが基本です。

そしてターゲット層を見つけたら、積極的に友達申請を行います。申請を承認してもらうためには、プロフィールを充実させておくことが大切です。

自己紹介文では、基本情報に加えて「どんなビジネスをしているのか」を明らかにしておきましょう。

母体ができたらコアなＳＮＳに導く

このようにターゲットとブランディングを常に意識しながら3大ＳＮＳを運用することで、ただのお友達集めから脱却し、テレアポの母体につながるお友達集めをすることができます。母体ができれば、あとは導線を上手く使って、ユーザーをＬＩＮＥ公式アカウントなどのよりコアなＳＮＳに導き、相互コミュニケーションをはかります。ターゲットにつながる出会いをもたらしてくれそうな方も、たくさん集めておきましょう。

次章からは、ＳＮＳごとに使い方のポイントをお伝えしていきます。まずは、3大ＳＮＳの中からＦａｃｅｂｏｏｋ、続いてＹｏｕＴｕｂｅ、ＬＩＮＥ公式アカウントの順で紹介していきます。上手に活用して、テレアポにつなげましょう。

第5章

「即アポ」につなげ！
個人でもできるカンタンWebマーケ

※各SNSの仕様は、バージョンやアップデートにより、位置や表示が変わる可能性があります。あらかじめご了承ください。

Facebook編

＊初期設定

プロフィール写真の設定

アカウント取得後、自分のページができたら、まずは円形のフレーム（A）に入れるプロフィール写真を設定しましょう。フレームを押し「写真をアップロード」を選択します。第一印象はプロフィール写真で決まるため、以下のポイントを押さえたものを用意してください。

・画質が良く明るい写真であること
・顔がはっきりわかること（あなただと特定できること）
・笑顔か柔らかい表情であること（ブランディングによる）
・髪型、服装に清潔感があること

Facebook画面

・背景がすっきりしていること
・長く使える写真であること

スマートフォンでSNSを利用するユーザーが多いので、プロフィール写真の表示サイズはスマートフォンでチェックします。人物だけならバストショットくらいが見やすいです。後から写真を変更すると、ユーザーにとって、誰のページだかわからなくなってしまうので、むやみに変えないようにしましょう。一般的には、笑顔の写真が人を引き寄せます。

プロフィール編集

画面の「プロフィールを編集」（B）、スマートフォンの場合は「人型のアイコン」を押します。表示に従い、自己紹介や注目のコンテンツ、学歴、居住地、出身地などを入力します。

さらにスクロールして「基本データを編集」を押す

と、好きな映画や本、音楽なども設定できます。特に自己紹介文（E）が重要で、Facebookにおける名刺のような役割を果たします。ポイントは、101文字の制限の中で、**あなたが何をしていて、何を与えられる人なのかを書くこと**です。同業者のページを探して、比較してみるのがおすすめです。

さらに**自己紹介文の最後に訴求を入れておけば、ユーザーを誘導することができます。**

（例）

「気軽に友達申請してくださいね！」

「セールスに関するご質問のある方は、メッセージを送ってください♪」

カバー写真の設定

背景上部のカメラマーク（C）を押すと、カバー写真が設定できます。カバー写真は、あなたのページのヘッドになります。プロフィール写真に比べて大きく表示されるため、**カバー写真にキャッチコピーなどを入れておくと、ビジネスに効果的**です。

（例）

「美に限界はない　セルフエステで生まれ変われる！」

カバー写真を利用して活動を明確にすることで、ターゲット層とつながりやすくなります。

プライバシー設定【重要】

プロフィールページ右上の▼（D）を押します。スマートフォンの場合は右下の３本線から、「設定とプライバシー」→「設定」を押します。この中で、「プライバシー（設定）」と「タイムラインとタグ付け」「公開投稿」の項目を見ていきます。以下、Ｗｅｂマーケティングに効果的なおすすめ設定です。

・今後の投稿のプライバシー設定→公開
・自分に友達リクエストを送信できる人→全員
・Ｆａｃｅｂｏｏｋ外の検索エンジンによるプロフィールへのリンク→オン（許可）
・自分のタイムラインに投稿できる人→自分のみ
・あなたの投稿を他の人がストーリーズでシェア→オン（許可）
・タグ付けされた投稿を確認する→オン
・他の人が自分の投稿に追加したタグを確認→オン
・フォローを許可する人→公開

設定のポイントは、以下の3つです。

・あなたの投稿が拡散しやすくなる設定にすること

・あなたのタイムラインに他の人の投稿が載らないようにすること

・他の人の投稿でタグ付けされる前に、その投稿を確認できる設定にすること

＊友達を増やす

友達を探す

プロフィールができたら、友達を探します。知人を友達に追加するには、ページ上部の検索バーに、知人の名前、メールアドレス、携帯番号のいずれかを入力します。表示された候補者の中からその人を選んでプロフィールに移動し、「友達になる」をクリックすれば、その相手に友達申請が送られます。相手が承認すれば友達になり、相手が承認しなければ、あなただけが相手をフォローする形になります。

直接の知人ではなくても、友達の友達などで気になる人がいたら、その人のページから友達申請を送ってみましょう。友達になる人を選ぶときは、あなたの活動を多くの人に知ってもらい、見込み客を増やすための友達作りだということを常に意識しておきます。

相手からの友達リクエストは、ページ上部の2人の人型アイコンを押すと一覧で表示さ

れ、「承認」か「削除」ができます。削除すると、相手が一方的にあなたをフォローすることになります。その相手から自分の投稿を見られたくない場合は、ＰＣは相手のページの３点リーダー（スマホは歯車マーク）から「ブロック」を選択すれば、お互いの情報が全く表示されなくなります。なお、承認待ちリクエストが１０００件になると、新しいリクエストを受け取れなくなりますので放置しないようにしましょう。

また、友達リクエストを送らずにフォローしてくれる控えめなユーザーもいます。その場合は、自分のページで、カバー写真の下部メニューから「友達」↓「フォロワー」を選択すると、フォロワーのリストが表示されるため、こちらから友達申請を送ることもできます。

友達と関わり、認知度をあげる

友達ができたら、友達の投稿をチェックし、「いいね！」やコメントをつけてみましょう。友達の投稿は、その友達のページで見ることもできますし、ニュースフィードに流れてくることもあります。

Ｆａｃｅｂｏｏｋを開くと、まずニュースフィードが出てきます。ニュースフィードには、友達やフォローした人の投稿や、友達がタグ付けされた投稿、「いいね！」を押したＦａｃｅｂｏｏｋページ（２０６ページ）の投稿、友達がシェアした記事などが流れてきます。しかし、すべての友達の投稿がニュースフィードに表示されるわけではなく、**基本的にはよく交流している友達からの記事がより多く表示**されます。また、投稿へのコメントや「いいね！」の数、記事の種類（写真や動画や近況アップデートなど）に応じて、ニュースフィードに表示される確率が変わります。細かい条件は、Ｆａｃｅｂｏｏｋがたびたび変更するアルゴリズムにより異なりますが、そのアルゴリズムは公開されておらず、現状から推測するしかありません。

Ｆａｃｅｂｏｏｋにおける認知度をあげるには、あなたの投稿が、友達やフォロワーのニュースフィードに多く表示される必要があります。Ｆａｃｅｂｏｏｋ側の細かいアルゴリズムは非公開でも、次の２点は常に心がけておきましょう。

・まめに更新を行うアクティブユーザーになること
・「いいね！」やコメントが短時間でたくさん付くような投稿を工夫すること

また既読の記事でも、コメントのやりとりが発生するたびに、ニュースフィードのトップに表示される場合があるため、コメントは認知度をあげるための有効なツールになります。その意味でも、投稿にコメントが付いたら、まめに返信コメントを書いてみましょう。投稿の最後で**コメント訴求やシェア訴求をしておくのも、拡散を促す有効な手段**です。

例

「皆さんの好きな番組を、コメントで教えてくださいね」（コメント訴求）
「シェア、拡散をお願いします♪」（シェア訴求）

ただし、あなたの投稿の公開範囲の設定が「公開」になっていなければ、シェアされても拡散しません。記事の投稿日時の横に地球マークが付いていれば「公開」です。人型マークになっている場合は「友達限定」になっていますので、マーク右の▼を押して、「公開」に変更しましょう。なお、コメント訴求とシェア訴求は、やりすぎるとくどくなりますので、10投稿に1回など間隔をおいて行ってください。

それから、ニュースフィードと混同されやすいのですが、タイムラインとはその人だけの投稿ページのことです。例えばあなたのタイムラインは、プロフィールページを下にスクロールすると見ることができ、あなただけの投稿が最新のものから順に並んでいます。一日でわかる見分け方は、上部にカバー写真が表示されていればタイムラインで、Ｆａｃｅｂｏｏｋのロゴならニュースフィードです。

さらに、**拡散を助けてくれるストーリーという投稿形式があります**。24時間で消える写真投稿ですが、ニュースフィードを開いたときに上部に表示されるため人目につく可能性が高くなります。記事を投稿する際に「ニュースフィード」と「ストーリーズ」という選択肢が出てきますので、両方にチェックを入れるだけで、簡単に同時投稿が行えます。本文は写真の上に重ねて表示されます。どんどん利用しましょう。

左上の画像はスマートフォンのストーリー表示ですが、ここからストーリーだけを投稿することも可能です。

なお、多くの人にあなたのタイムラインに来てもらうためには、以下のことを注意しましょう。

ストーリー表示

・売り込みや宣伝の投稿ばかり続けないこと
・あなたの人柄が伝わるような投稿をすること
・タイムラインの投稿はあなたが管理すること（「お友達申請ありがとうございます」「お誕生日おめでとうございます」など、他人の投稿に占領されている人がいます）
・タグ付けも承認制にすること（不本意な投稿が勝手に拡散されるのを防げます）
・親しいメンバーだけで、内輪ネタのコメントで盛り

上がらないこと
・記事にもコメントにも、愚痴や悪口を書かないこと
・目を引く写真や動画を付けて記事を投稿すること
・ネットの画像など、許可が必要なものを無断利用しないこと

＊Facebookの有効性

Ｆａｃｅｂｏｏｋは世界中にユーザーがいて、年齢層も幅広いため、導線の入口としてとても有効なツールになります。若い人より中高年のユーザーが多く、高額商品を扱っている方には、その方が好都合かもしれません。ですから、この機会にぜひアカウントを取得してみてください。

あとは、なるべく毎日ログインして投稿を行い、友達がタグ付けしている人や、同業者の投稿に「いいね！」をしている人、ニュースフィードにあがってきた人などからターゲット層を探し、積極的に友達申請を行いましょう。友達申請を受け取ったユーザーは、高い確率であなたのページを確認に来ます。そのときに見るべき投稿がなかったり、写真や自己紹介がなかったりすると友達は増えませんので、自分のページは整えておいてください。

また、相手から友達申請をもらえたときのために、次の導線に誘導できる挨拶メッセー

ジを用意しておきましょう。**いきなりの売り込みはNGで、申請のお礼に一言添える程度で十分**です。

(例)

「お友達申請ありがとうございます！　〇〇さんのような方とお友達になれて嬉しいです。LINE公式アカウントで、〇〇に役立つ無料動画を配信していますので、良かったらご覧くださいね♪（登録リンクを貼っておく）」

Facebookは人と人でつながるメディアです。ビジネス目的といえども、そのことを忘れないように使用しましょう。

＊Facebookページ

今までは「個人ページ」の紹介でしたが、「Facebookページ」についても簡単にお伝えします。

個人ページでは最大5000人まで友達になることができますが、それを超える場合は、公開スペースであるFacebookページを使用します。Facebookページは、企業や著名人が、ビジネスや商品などの情報を発信し、人とつながるためのものです。多くのユーザーの関心を集めて、反応を見るためのツールも用意されています。イメージとしては、個人ページは個人間の交流と口コミによる拡散の場、Ｆａｃｅｂｏｏｋページは公的な交流と広告の場です。Ｆａｃｅｂｏｏｋページには、「イベントやリアルタイムライブ告知」「メディア出演」「新製品の紹介」「お客様の声」「活動内容」などの投稿を行うといいでしょう。

そして、一番の違いはＦａｃｅｂｏｏｋページでは、あなたの投稿を有料で広告化できることです。ただし、**個人ページのほうが拡散力が高いので、まずは個人ページの充実が大切**です。Ｆａｃｅｂｏｏｋページでのマーケティングは、個人ページで見込み客を獲得できるようになってから、チャレンジしましょう。

ＹｏｕＴｕｂｅ編

いま**最も熱いのがＹｏｕＴｕｂｅからの導線**です（以下、ユーチューブ）。即決営業では日々、ＬＩＮＥ公式アカウントやＨＰなどから問い合わせをいただきますが、一番多いのが「ユーチューブのメソッド動画を見て、即決営業を知った」と言ってくれる方です。ユーチューブは、視聴者の多さと覚えてもらいやすさで群を抜いています。ここからは少し高度になりますが、ぜひユーチューブマーケティングに挑戦してみましょう。

ユーチューブにログインするには、まずＧｏｏｇｌｅアカウントを作成します（以下、グーグル）。

＊ユーチューブアカウントの取得

youtube.com に移動します。右上の「ログイン」をクリックし、「アカウントを作成」をクリックします。選択肢から「自分用」を選択します。「ビジネス管理用」はグーグルアカウントを有料でカスタマイズできるさまざまな機能が付きますが、ユーチューブの運用は「自分用」で無料で行えます。
手順に従いグーグルアカウントを作成すれば、ユーチューブアカウントも同時に取得できます。グーグルアカウントをお持ちの方は、ユーチューブにログインするだけでＯＫです。

＊ユーチューブチャンネルの作成と動画のアップロード

アカウントを取得したら、すぐに動画を投稿できるわけではありません。動画の投稿にはユーチューブチャンネルの作成が必要です。

手順は、まずグーグルアカウントでユーチューブにログインして、右上のビデオカメラマークを押し、表示に従いユーザー名を入力します（この画面で登録した名前は、ユーチューブだけではなくグーグルサービス全体で公開になりますので注意しましょう）。会社名やユーチューブ専用の名前を使いたい場合は「ビジネス名などの名前を使用」を選択します。ビジネス名利用でも管理は自分のグーグルアカウントで行えますので、こちらがおすすめです。

チャンネル作成図

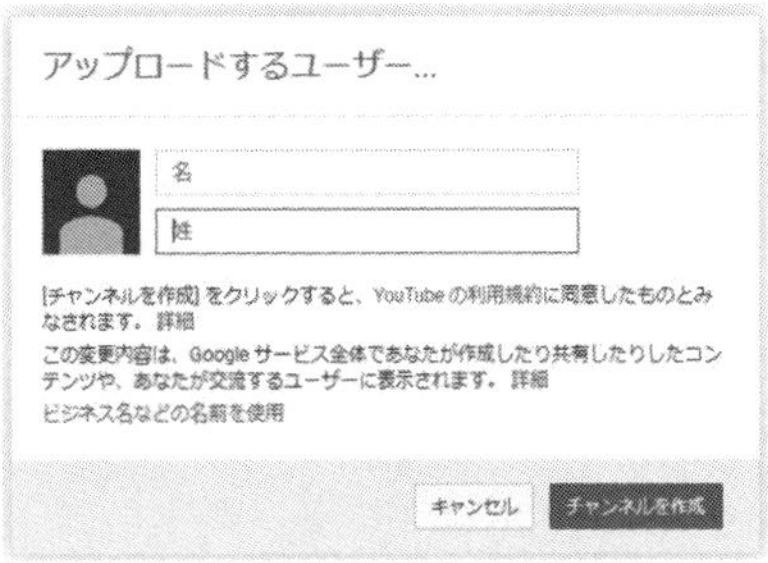

「ビジネス名などの名前を使用」を選択したら、「ブランドアカウント名」を入力し、「チャンネルを作成」を押します。ブランドアカウント名が、ユーチューブのチャンネル名になります。

（例）　即決営業塾　セールス堀口

なおブランドアカウントはＰＣのみ作成でき、複数のチャンネルや複数の管理者を持つことができます。「アカウントにチャンネルを追加しました」という表示が出たら、チャンネルの作成が完了です。最初にビデオカメラマークを押しているため、自動的に動画作成画面に移ります。

　この時点で15分以内の動画をアップロードすることができます。アップロードの仕方は、まず矢印マークを押して、使用中のＰＣからアップロードしたい動画を選択します。グーグルフォトから動画やスライドショーをインポートすることもできます。このとき、プライバシー設定を「公開」にしていると、アップロードが終わり次第、公開されます。「公開予約」で日時指定することも可能ですし、「非公開」や「限定公開」を選択した場合は、後から「動画の管理」でいつでも公開できます。

　また、動画のアップロード中に表示される画面で、動画の「基本情報」の入力や、チャンネル登録者に通知するかどうかなど「詳細設定」が行えます（上部タブで切り替え）。動画から3つのサムネイルが自動的に作成されますので、好きなものを選びましょう。ユーチューブリンクも表示され、公開後は、ＬＩＮＥ公式アカウントやＳＮＳなどで共有ができます。アップロードが完了するとユーチューブから完了のお知

動画作成画面と設定図

アップロード中の設定画面

らせメールが届きます。

15分を超える動画をアップロードしたい場合は、「上限を引き上げる」を選択し、電話番号でアカウント確認を行います。最新バージョンでは20GB以上のサイズのファイルをアップロードすることができます。ユーチューブにアップロードできるファイルの最大サイズは128GBです。

多くの人に動画を見てもらうためには、チャンネルカスタマイズを行います。右上の丸アイコン（212ページD）を押し、吹き出しの中の歯車マークを選択します。真ん中に出てくる丸アイコンをさらに押すと、「チャンネルをカスタマイズ」が選択できるようになります。

カスタマイズ画面

チャンネルカスタマイズ画面

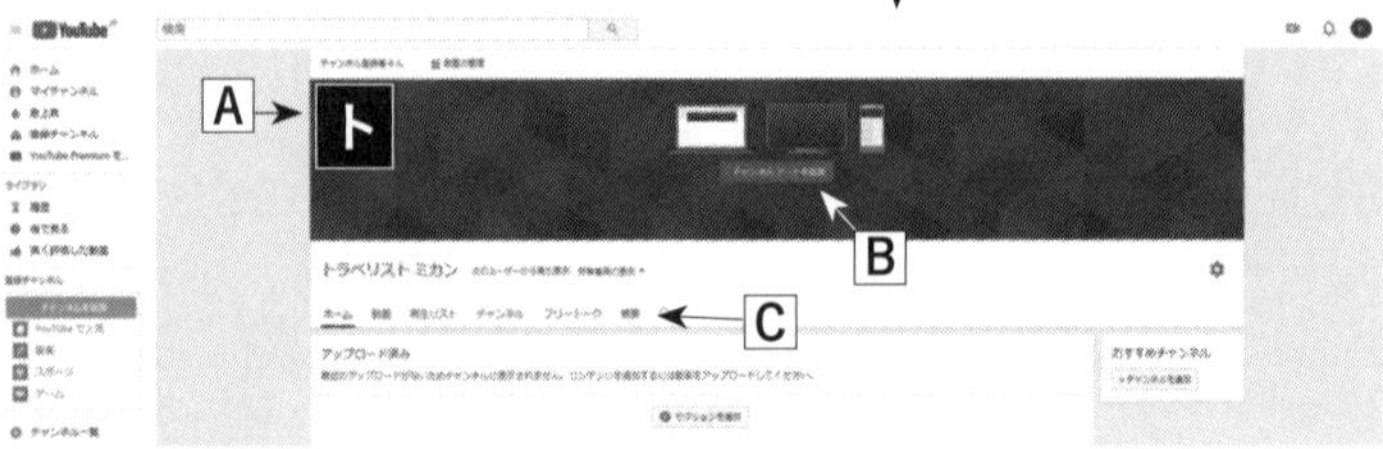

「チャンネルをカスタマイズ」を押し、ひとつずつ設定しましょう。

・チャンネルアイコン（A）を設定する

・ユーチューブ上部の背景は、「チャンネルアートを追加」（B）から設定する

・概要（C）（チャンネルの説明、メールアドレス、場所、リンク）

また、おすすめのユーザーのチャンネルがあれば追加することができます。

なお一定の要件を満たせば、チャンネルのカスタムURLを作成することができます。

＊ユーチューブStudio（ベータ版）

従来の「クリエイターツール」に代わる新しいホームとして、ユーチューブStudio

デフォルト設定

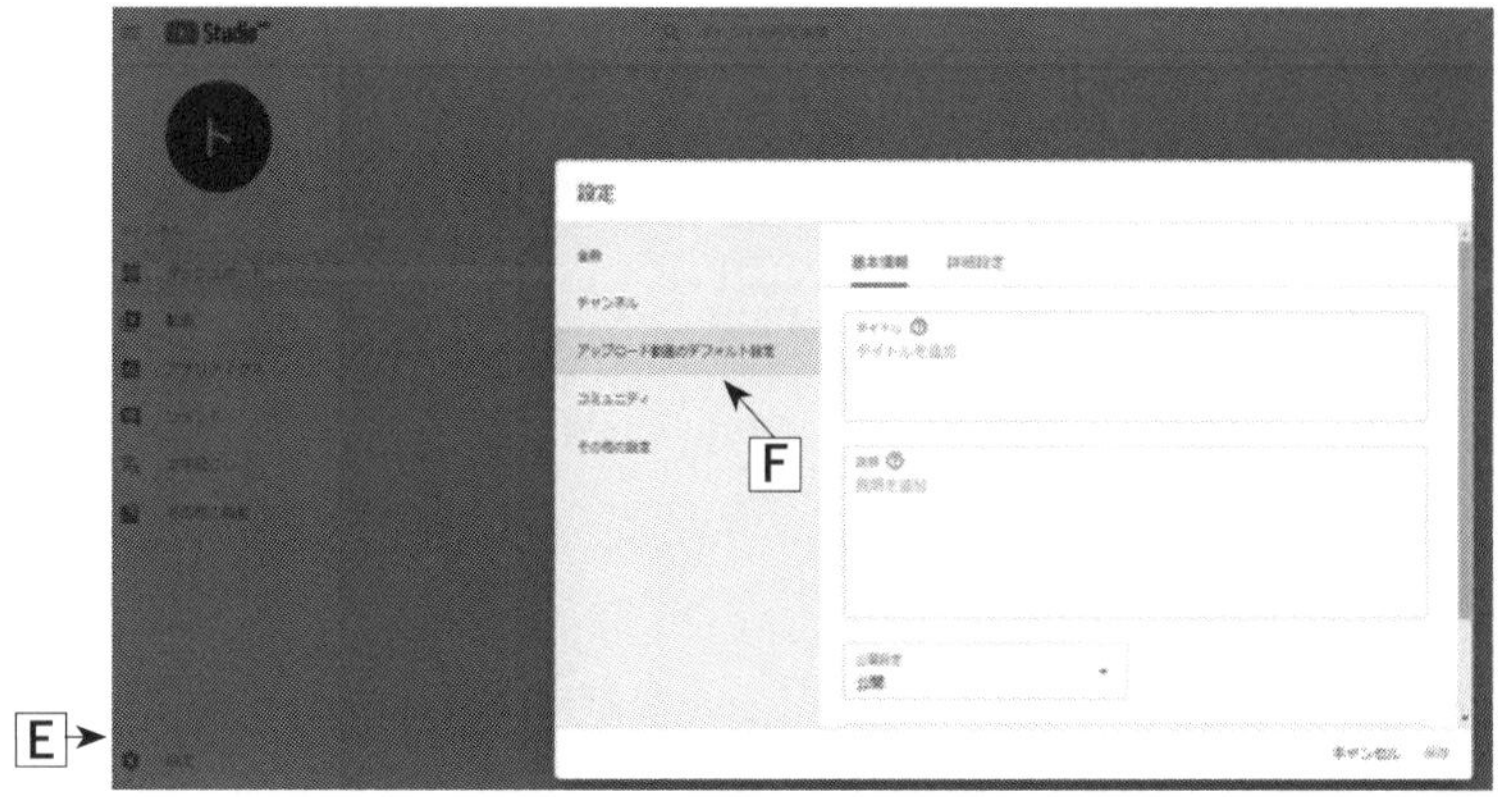

が誕生しました。

ユーチューブにログインして、右上の丸アイコン（Ｄ）を押せば、メニューの中から「ユーチューブＳｔｕｄｉｏ（ベータ版）」が開けます。ここでは、プレゼンスの管理、チャンネルの拡大、視聴者との交流、収益の獲得などをすべて1ヶ所で行うことができます。

先程、動画アップロード中に詳細設定ができるとお伝えしましたが、ユーチューブＳｔｕｄｉｏでは、Ｗｅｂからアップロードする動画すべてに適用される「デフォルト設定」が可能です。左メニューの「設定」（Ｅ）を押し、ウィンドウ内の「アップロード動画のデフォルト設定」（Ｆ）を選択します。動画ごとにさらに変更を加えたい場合は、アップロード中に表示される画面で行うことができます。

なおデフォルト設定は、モバイル端末からのアップロードには適用されません。

*ユーチューブマーケティングについて

以下、ユーチューブＳｔｕｄｉｏの動画編集画面に基づいて、マーケティング上のポイントをまとめました。この画面は、ユーチューブＳｔｕｄｉｏの左メニューから「動画」を選択し、表示された動画をひとつ選択すれば出てきます。ポイントを押さえた活用法で他と差をつけ、あなたのファンを増やしていきましょう。

①タイトル

タイトルはユーチューブだけではなく、ユーチューブ外の検索にもヒットします。ターゲット層からの興味が高く、検索されやすいワードを取り入れましょう。また、動画が視聴されるか、またはスクロールで通り過ぎられるかは、タイトルが左右します。独創的なフレーズを加えて興味をそそる、内容をほのめかす、などの工夫をして視聴を促してください。

ただし、むやみに奇抜なタイトルを付ければいいというものではありません。動画を最後まで見てもらうには、**動画の内容を正確に伝えることが重要**です。「期待したものとは違っていた」という理由で、視聴者が途中離脱してしまうと、視聴者維持率が急激に低下し、ユーチューブのおすすめ動画になりにくくなることがあります。

ユーチューブStudio編集画面

②説明

説明に記載された内容は、ユーチューブだけではなく、ユーチューブ外の検索にもかかる可能性があります。

視聴者が検索で動画を見つけ、その内容が把握できるような、わかりやすい説明を書きましょう。

この説明は動画ごとに変えることもできますし、あなたの動画の全体像を記載して基本設定にしておけば、すべての動画に表示されます。

さらに、説明の中に、適切なキーワードを盛り込んでおくと、検索結果に表示されやすくなり、視聴回数や総再生時間を増やすことができます。

ポイントは、動画の内容を説明する**中心的なキーワードを１〜２語決めて、説明とタイトルの両方で目立つように使う**ことです。

キーワードの羅列ではなく、文章の中で使ったほうが自然です。

そして、**最初の3行に、あなたが最も伝えたいこと、例えばLINE公式アカウントへの誘導やベネフィットなどを記入**しましょう。なぜなら4行目からは「もっと見る」をクリックしないと表示されないからです。

③サムネイル

動画のサムネイルを活用すれば、ユーチューブを閲覧するユーザーに、動画内容を一目で伝えることができます。ユーチューブの視聴者が、通常最初に目にするものがサムネイルですが、**特に高い成果を挙げている動画の90％でカスタムサムネイルが使用**されています。

カスタムサムネイルを作るときは、表示される大きさにかかわらずはっきりと見えるようにしましょう。

また、その動画の主要な情報が一目でわかるような、鮮やかで印象的なものにすることを意識してください。最大2MBの画像が使用できます。

ポイントは、注目を集める大胆な画像を作成し、ブランドロゴやインパクトのあるフレーズを重ねることです。テキストは、画面上で読みやすいフォントを使うことを心がけましょう。また、他者の動画のサムネイルと比較して目に留まりやすいか、視聴者の年齢層に適しているかという点も考慮しましょう。

④タグ

タグとは、コンテンツを検索でヒットしやすくするために動画に追加できる、分類用のキーワードです。所定のフレームの中に、キーワードを打ち込めば簡単に追加できます。**人気動画と同じタグにすると、関連動画に紹介されやすくなるため、再生数を増やすことができます**。

⑤カード

カードとは、あらかじめフォーマットが決められた動画再生中の通知のことで、宣伝に使用します。カードは1動画につき5枚まで設定可能で、他の動画や承認済Ｗｅｂサイト、アンケートなど、さまざまなカードを選べます。

カードを設定すると、動画再生中、右上に長方形の小さなメッセージボックス（ティーザー）が出ます。ティーザーのフレーズや、表示させるタイミングや長さも設定できます。

視聴者が興味を引かれてティーザーを押すと、設定したカードが画面右横（モバイルデバイスを縦向きにしている場合は動画プレーヤーの下）に開きます。視聴者がティーザーを押さなければカードが開かずに消えるので、邪魔になることはありません。

開いたカードには、プレビュー画面が表示されます。視聴者がティーザーを押し、さらにカードを押すことでリンク先や他の動画に飛ぶことができます。

カードは、**行動を促すフレーズと併用したり、表示のタイミングを動画の内容と関連付けたりすることでより大きな効果**を得られます。

カードを活用することで、視聴者を他の動画、再生リスト、関連ウェブサイトに誘導したり、商品購入やクラウドファンディングへの協力を呼びかけたりすることができます。例えば、**以前の動画に、最近アップロードした動画のカードを設定**しておけば、再生数を早く伸ばすことができます。

⑥終了画面

動画の最後で、視聴者を次の行動に誘導することができる終了画面は、再生回数や総再生時間を増やすために、とても効果的なツールです。終了画面は動画の最後の５〜20秒に追加でき、画面上の小さなウィンドウで最大４つの要素を宣伝できます。使用できる要素のタイプには、「動画または再生リスト」「チャンネル登録の呼びかけ」「別のチャンネルとの相互プロモーション」「承認済みＷｅｂサイトへのリンク」があります。

カードと同様に視聴者を他の動画や再生リストに誘導すれば、総再生時間を増やすことができます。また、チャンネル登録を呼びかけて登録者数を増やしたり、Ｗｅｂサイト、商品、クラウドファンディング キャンペーンを宣伝したりできます。**テレアポの導線と**

しては、終了画面で必ず、LINE公式アカウントが登録できるページに誘導しておきます。お友だち追加時にユーチューブから来てくれた方だとわかるように、合言葉を決めておくと便利です。

(例)

LINE公式アカウントお友だち追加30分以内に、「動画見たよ！」と送ってくれた方には、〇〇をプレゼントします！

なお、動画がバックグラウンドモードで再生されているときなど、終了画面がスキップされる場合もあります。また、カードティーザーは、終了画面が表示されている間は非表示になります。終了画面のサイズと表示位置は、プレーヤーの画面の大きさに応じて変化する可能性があるため、画面上の位置を厳密に示すのは避けてください。設定時にテンプレートを選択できますので利用しましょう。動画の最後に、終了画面の要素を表示するためのスペースを設けておくのがポイントです。

ユーチューブは、他のＳＮＳに比べると、**視聴者が多い割には投稿者が少ないという絶好の比率**です。動画作成の手間はかかりますが、効果的な宣伝ツールも最初から用意されているため、うまく活用すれば、ＬＩＮＥ公式アカウントへの最も有効な導線となってくれるはずです。

動画は1分程度の短いものでも構いません。動画を撮影しなくても、写真のスライドショーに音声やテロップを載せる方法もあります。あなたの魅力や能力、商品のベネフィットがあふれ出るような動画になるよう、工夫してみてください。

ＬＩＮＥ公式アカウント（旧ＬＩＮＥ＠）編

ではいよいよ、テレアポの母体に最適な「ＬＩＮＥ公式アカウント」の使い方をお伝えします。ＬＩＮＥ公式アカウントとは、国内最大のコミュニケーションアプリ「ＬＩＮＥ」を通じて、企業や店舗がユーザーとコミュニケーションをとることができるサービスです。

同様のサービスはこれまで「ＬＩＮＥ＠」と呼ばれていましたが、ＬＩＮＥ＠とＬＩＮＥ公式アカウントは、２０１９年4月に統合されましたので、本書では「ＬＩＮＥ公式アカウント」について詳しくお伝えしていきます。

ＬＩＮＥは日本の総人口の60％以上、８１００万人以上が利用しているアプリであり、うち**８５％が毎日ＬＩＮＥを使っている**と言われます。

ですから、まずはＬＩＮＥ公式アカウントを作成して他ＳＮＳからの導線を引き、なるべく多くのＬＩＮＥユーザーにお友だち追加してもらうことを目標にしましょう。

すでにＬＩＮＥ＠アカウントをお持ちの方は、２０２０年にＬＩＮＥ公式アカウントに強制移行することになりますが、基本的な使い方は変わりません。

ＬＩＮＥ公式アカウントは無料で開設でき、要件を満たしたＬＩＮＥ個人ユーザーに対する情報発信が行えます。一斉送信をはじめ、ＬＩＮＥユーザーとのチャットや、集客やキャンペーンの実施、ショップカードのデジタル版が作れるなど、数多くの基本機能があり、プロモーションに適しています。

ＬＩＮＥ公式アカウントは無料で利用することができますが、１ヶ月に１０００通以上のメッセージを送る場合は、有料プランに切り替える必要があります。有料プランには、「ライトプラン」と「スタンダードプラン」の2種類があります。

有料プランは月単位で変更が可能ですから、お友だちの数や配信数によって使い分けましょう。例えば、友だちが２００人でフリープランの場合は、月に5回一斉配信ができます。友だちが増えてきたら、有料プランを利用しましょう。

またＬＩＮＥ公式アカウントには「認証済アカウント」と「未認証アカウント」とい

料金表

	フリープラン	ライトプラン	スタンダードプラン
月額	無料	5000円	1万5000円
送信数の上限	1000通	1万5000通	4万5000通
追加送信料金	不可	5円/1通	最大3円/通

う2種類のアカウントがあります。未認証アカウントは個人でも取得できますが、認証済アカウントはLINE公式の審査に通過しなければ取得できません。

審査を通過すると、認証済アカウントと認められたバッジが付与される他に、**LINE内の検索結果にも表示される**ようになります。他のSNSと比較した場合、LINE公式アカウントには多くの利点があります。

◎相手から見に来てもらわなくても、メッセージを届けられる
〇予約一斉配信が簡単にできる
〇プッシュ通知が付くため、開封率が高い
〇未読、既読がわかる
〇お友だち追加されたときに自動返信ができる
〇特定のキーワードに対する自動返信ができる
〇LINE自体が普及しているため、分母が大きい
◎LINEを使い慣れている人が多いため、気軽にリアクションや質問をしてもらえる

属性データ

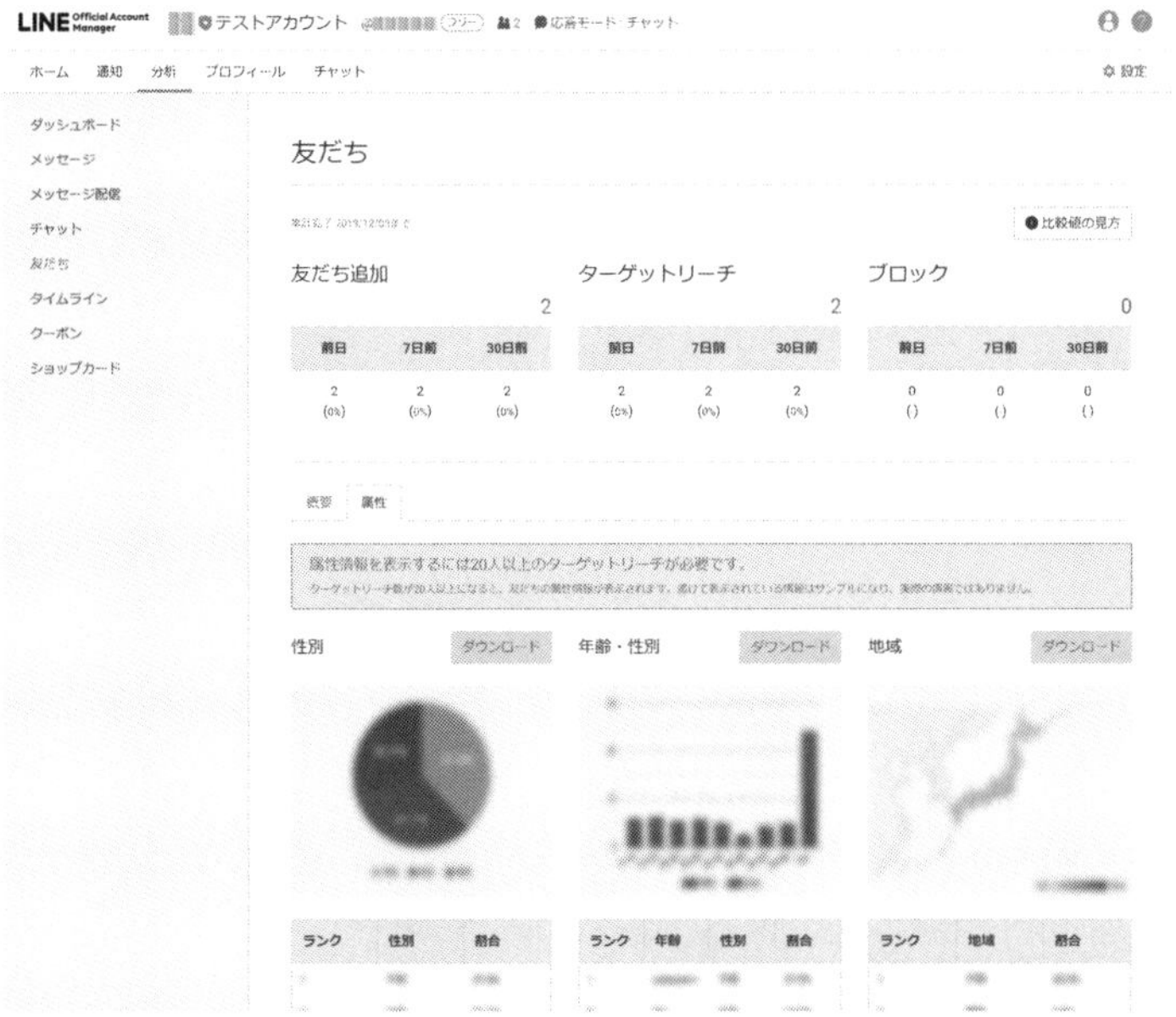

○一対一トークに移行しやすい

○統計情報から「※みなし属性」がわかる

○属性データからセグメント配信ができる

○配信数を指定できる（友だちの中でランダムに配信か、50通以上になる属性で配信）

※ＬＩＮＥの行動履歴を元に分類した、推測としての属性のこと。

そして何度もお伝えしているように、**LINE公式アカウントへ多くの見込み客を集約して育てることが、テレアポの成功につながります**。ですから、FacebookもInstagramもTwitterもHPも、LINE公式アカウントへの導線であることを意識して活用してみてください。なお未認証アカウントよりも、認証済アカウントの方がユーザーに認知されやすく、あなたの活動や商品のPRに効果的です。これから開設する方は、認証済アカウントの開設を目指しましょう。

＊LINE公式アカウントの機能

LINE公式アカウントは、LINE@に比べてより多くの人に情報発信できるサービスで、連携アプリも充実しています。

有料プランを利用すれば、さらに多くのLINEユーザーにメッセージを届けられるようになるでしょう。

では、アカウント開設方法と、以下の代表的な機能についてお伝えしていきます。

・メッセージ
・LINEチャット（旧1対1トーク）
・プロフィール（旧アカウントページ）

・自動応答機能／キーワード応答機能
・タイムライン
・リッチメニュー

＊ＬＩＮＥ公式アカウントの開設方法

まずＰＣもしくはスマートフォンから、https://www.linebiz.com/jp/entry/にアクセスし「アカウント開設ページ」を開きます。

アカウント開設ページを開いたら、「認証済アカウントを開設する」もしくは「未認証アカウントを開設する」を選択してください。店舗や企業のアカウントには、認証済アカウントの取得がおすすめです。また、月額費用は未認証アカウントと変わらず、使っているプラン・オプションに応じた料金だけが請求されます。

次に、「アカウント作成」を押します。続いて表示される画面で、「個人のＬＩＮＥアカウント」もしくは「メールアドレス」を登録すれば、ＬＩＮＥ公式アカウントを作成することができます。

もし個人のＬＩＮＥアカウントで登録する場合、個人のアカウントとＬＩＮＥ公式アカウントを連携させることで開設が完了します。メールアドレスで登録する場合は、メールアドレスと必要情報を入力することで開設することができます。
アカウントの開設後、「ＬＩＮＥ　Ｏｆｆｉｃｉａｌ　Ａｃｃｏｕｎｔ　Ｍａｎａｇｅｒ」（管理画面）にログインできたら、アカウント登録は完了です。アカウント開設が完了したら、管理画面からアカウントの基本情報を登録しましょう。

なお、ＬＩＮＥの個人アカウントと連携させたとしても、個人アカウントの友だちのアドレスがＬＩＮＥ公式アカウントに流れてしまったり、逆にＬＩＮＥ公式アカウントの開設が個人ＬＩＮＥの友だちに通知されたりすることはありません。プライベートとビジネスをしっかり分けたい方も安心してください。

以下、ＰＣを使った具体的な登録方法を、マーケティング上のコツとともにお伝えしていきます。スマートフォンでも登録可能です。

＊基本設定

「ＬＩＮＥ　Ｏｆｆｉｃｉａｌ　Ａｃｃｏｕｎｔ　Ｍａｎａｇｅｒ」（以下、管理画面）上部にある「設定」をクリックします。

基本設定画像

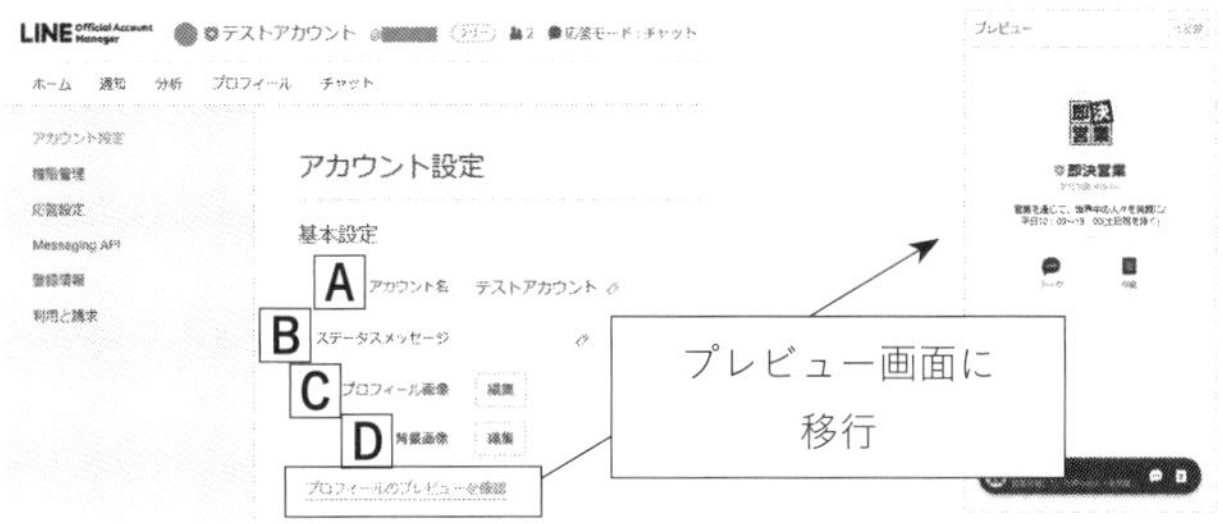

①「アカウント名」を入力（Ａ）

何をしているアカウントなのかが一目でわかるように工夫し、一般的には会社名や店舗名を使います。店名だけでは、何のお店かわからないときは、アカウント名を「○○の（店名）」などとしておくと、検索にかかりやすくなります（認証済アカウントの場合）。

（例）

「焼肉のジューシー南大阪店」
「スマイル歯科医院」
「心理カウンセラー○○○」

検索にヒットすることと、あなたのアカウントを覚えてもらうことが大切ですので、読み書きしにくい外国語表記などはなるべく避けましょう。その場合は、例えば、「焼肉Ｊｕｕｓｅｅ（ジューシー）」など二重表記にすることもできます。

②「ステータスメッセージ」を入力（B）

ステータスメッセージとは、友だち一覧のページで、アカウント名の下に表示される一言メッセージです。文字数制限は20文字です。アカウントの特徴や情報をアピールできる場なので、伝えたいことを短くまとめて入力しておきましょう。

なお、認証済アカウントの場合は、ステータスメッセージの中の単語は、LINE内の検索にかかりますので、「カフェ」「アルバイト」「クーポン」「焼肉」「ヨガ」など、**検索されやすい単語を入れておく**のがポイントです。

〈例〉

「未経験OK♪　アルバイト大募集！」

「ご予約不要。お友だち限定クーポンあります」

「肩こり解消はお任せください☆」

「お友達紹介キャンペーン中♪」

「雨の日ドリンク無料券プレゼント」

あなたのアカウントがユーザーに何を与えられるのかを明確にしておくのがコツ。また、アカウント名が英語や漢字表記で読みにくい場合、ルビを兼ねて使うこともできます。

（例） アカウント名が「RUBINO」の場合
「コーヒー専門店ルビーノです」

ブランディングとして、企業理念を入れておいてもＯＫです。ステータスメッセージは、最短１時間で変更可能ですので、イベントなどアピールしたいことが発生したら気軽に変更してみましょう。

なお、認証済アカウントの検索には以下の４ヶ所が反応します。

・登録時の業種
・LINE ID
・アカウント名
・ステータスメッセージ（ひとこと）

検索にヒットさせることが、新規お友だち獲得のチャンスになります。ポイントは、４ヶ所に同じキーワードを重複させるのではなく、**あなたのアカウントに関連して、ユーザーが興味がありそうな複数のキーワードをちりばめておく**ことです。

認証済アカウント検索図

LINEアプリを開き、画面下部の「その他」のタブを開き、「公式アカウント」をタップします。公式アカウントの紹介ページに遷移し、ここでアカウントを検索できます。

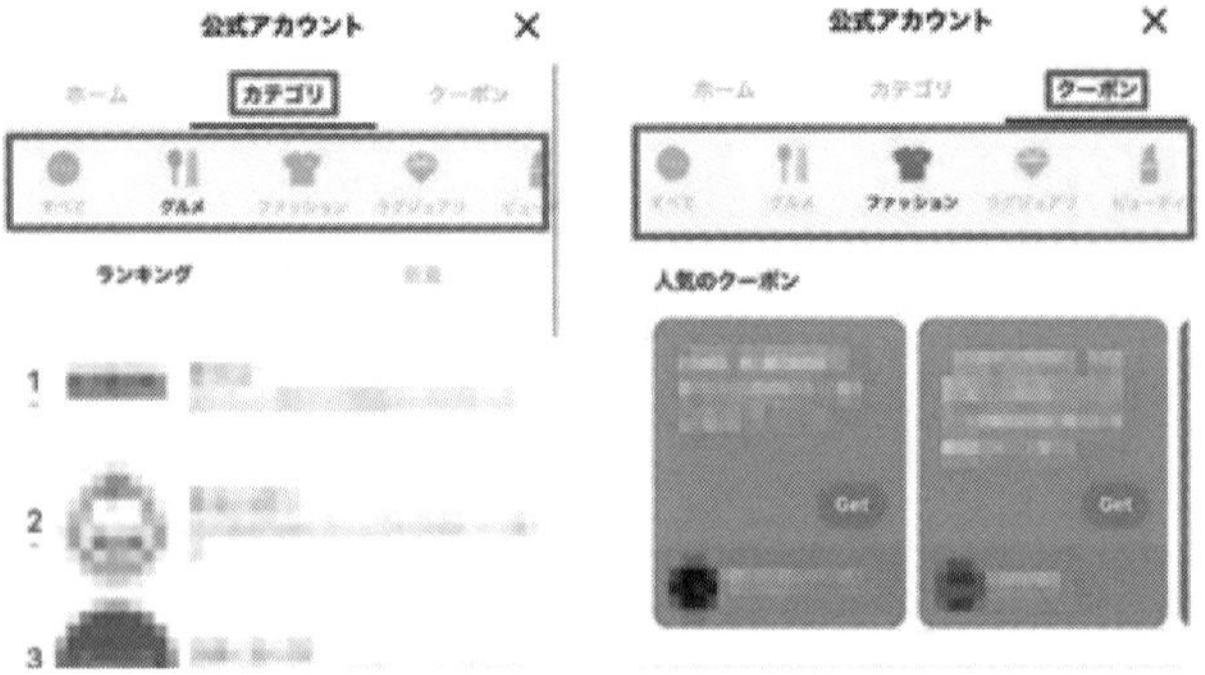

（例）
「猫カフェ」「癒し」「パンケーキ」「くつろぎの店」「割引クーポン」「女性人気」「アート雑貨あります♪」など

なおＬＩＮＥの検索はワンワードで行います。一般的な検索エンジンのように、スペースで区切って複数ワードで検索することはできません。ユーザーにどこから検索されるかは、上図を参照してください。

③「プロフィール画像」を編集（Ｃ）
プロフィール画像はアカウントの顔です。友だち追加時や友だちリスト、トーク画面等で表示されます。

あなたのアカウントだと一目でわかるように、「ロゴマーク」「商品」等の画像を設定しましょう。

画像の中心から自動的に円形表示されるので、正方形の画像が適しています。

推奨サイズは６４０×６４０ピクセルです。

公開後は、他社アカウントと並んだ時の見栄えをチェックし、微調整します。

プロフィール画像の変更は1時間に一度まで可能ですが、友だちが増えてから変更すると、その画像に慣れたユーザーが混乱してしまいます。プロフィール画像はなるべく早い段階で確定させましょう。

プロフィール画像のチェックポイント
✓一目であなたのアカウントだとわかる（ロゴやキャラクターや顔写真）。
✓画質がよく、明るくて見やすい（上限は３ＭＢ）。
✓ブランドイメージに合っている。
✓複数アカウントを持つ場合、地名や支店名を入れた。
✓これからも変更せずに長く使える画像だ。
✓ネット画像を無断使用していない（無料ダウンロードＯＫの画像を除く）。

④「背景画像」を設定（D）

背景画像は、プロフィール画像の背景に設定される画像で、ユーザーがあなたの投稿画面を開いたときに表示されます。頻繁に見られることはありませんが、アカウントのイメージに合った画像を使いましょう。横長に表示されるため推奨画像サイズは1080×878ピクセルです。例えばコスメやエステ業界なら「美しさに上限はない」など、背景画像にキャッチコピーを入れておくのもおすすめです。基本的なアカウント設定はこれで完了です。

＊あいさつメッセージの作成

「あいさつメッセージ」とは、ユーザーがあなたのアカウントを友だち追加した直後に、自動送信されるメッセージです。ユーザーにとっては最初に受け取るメッセージになるので、読まれる可能性が高く、内容次第でWebマーケティングの成功率が大きく変わってきます。開封率が高いうえに、アカウントの印象を決定づけるメッセージですので、以下のポイントをしっかりと意識して作成しましょう。

あいさつメッセージのチェックポイント

✓堅苦しくなく好印象を与える内容だ。

✓今後の期待を高める内容だ。
✓ブロックを予防している。
✓返信をもらうビッグチャンスだと理解し、返信を促している【重要】。

具体的に説明していきます。

まず、**好印象を与えるためには、友だち追加してくれたことへの感謝を伝えます**。

そして、いきなりの宣伝は控えて、個人ＬＩＮＥの延長のような、丁寧でも親しみやすいメッセージを作成しましょう。あからさまな宣伝はユーザーに嫌われます。

そして、今後のユーザーの期待を高めるためには、今後どんな有益な情報を発信するのかを具体的にお伝えしましょう。


（例）

「お友だち登録ありがとうございます！　感謝の気持ちをこめて、月に１度10％引きクーポンを送らせていただきますね♪」


ブロック予防については、まず初回メッセージが長すぎると、見ただけで読むのが面倒になり、ブロックされる可能性が高まります。スマートフォンで１画面に収まる程度の長さを意識し、できれば4分の3を超えないようにしましょう。なぜなら、**余白があれば圧迫感を与えにくく、返信の気持ちを促してくれる**からです。人には、空白を埋めたくなる心理があるのです。どうしても複数のメッセージを送りたい場合は、吹き出しや画像を合わせて3つ以内にし、ひとつひとつを見やすく簡潔にしましょう。

また、今後のブロックを予防するためには、通知オフをすすめておきます。

（例）

「通知が多いと感じたら、トーク設定から「通知」をOFFにしてみてくださいね☆」

そして、**これがテレアポにつなげるための最大のポイントですが、あいさつメッセージで相手からのスタンプや返信を促すようにします**。一度でも返信してくれたユーザーとは、1対1のやりとりが可能になりますので、ここがビッグチャンスです。重くならないように、さりげなく返信を促しましょう。例えば、**楽しいことや良いことが起こりそうだと思うとユーザーは動いてくれます**。

（例）

「さらにスタンプを送ってくれた方には、初回限定で30％引きクーポンも付けちゃいます！　〇〇さんも、お気に入りのスタンプを送ってみてくださいね♪」

『魔法』と送信すると、驚きの出来事が！　〇〇さんも試してみてくださいね♪」


ユーザーのタイプによっては、**「応援」というワードが響く**こともあります。


（例）

「私たちはお母さんと子どもの笑顔のために活動しています。子どもの笑顔っていいな、と思ってくれた方は、応援スタンプを送ってくれると嬉しいです♪」

＊あいさつメッセージの設定方法
あいさつメッセージが完成したら、管理画面から「あいさつメッセージ」（A）を選択します。次に、ウィンドウにメッセージ内容を入力します。このとき、「友だちの表示名」をクリックすると、作成メッセージ内にユーザーのＬＩＮＥ名が自動的に反映されます。

終わったら、プレビュー画面でユーザーから見た表示を確認しましょう。問題がなければ「変更を保存」（B）します。

あいさつメッセージ

＊応答メッセージ

「応答メッセージ」（C）とは、ユーザーからメッセージを受け取った際に、システムが自動的に返信をする機能です。特定のキーワードだけに反応して自動返信を行う「キーワード応答機能」もあります。どちらも「応答メッセージ」を選べば、「あいさつメッセージ」と同様に設定できます。また「スケジュール」を設定しておけば、営業時間外や深夜のみ自動応答させるなど、時間指定も可能です。

(例)

「メッセージありがとうございます！　営業時間内に順次返信させていただきますので、少々お待ちくださいね♪」

ただ、応答メッセージは、どんなメッセージやスタンプに対しても同じ応答になってしまうため、応答内容がちぐはぐになる恐れがあります。特にあいさつメッセージで、こちらから返信を促している場合は危険です。そこで、「キーワードを設定する」の欄に特定のキーワードを入れておけば、受信メッセージにそのキーワードが入っている場合のみ応答させることができます。表記に誤差が出にくく、**普段のトークにあまり混ざりこまないような単語を使う**のがポイントです。

(例)
「プレゼント希望」「電話アドバイス」「〇月限定イベント」

ただし、キーワード設定を含め、応答メッセージが機能している時間帯はチャット（旧1対1トーク）ができなくなります。そもそも、ユーザーをLINE公式アカウントに誘導する理由は、気軽に個別のやりとりができ、商品に対するニーズを引き出しやすいからです。ユーザーを**テレアポに導く目的なら、1対1トークを優先**しましょう。チャットで相手の悩みやニーズを引き出し、その後、電話でのヒヤリングやアンケート、そしてテレアポに持ち込むのが王道です。

＊メッセージ配信

友だちになっているユーザーへのメッセージ配信方法を説明します。まず、左メニュー上部の「メッセージ配信」（D）をクリックします。メッセージ作成ウィンドウが開いたら、「配信先」、「配信日時」、「タイムライン投稿の有無」を選択し、メッセージ内容を入力します（画像等も選択できます）。画面右下の「配信」をクリックしたら、確認のウィンドウが出ますのでＯＫであれば再度「配信」をクリックします。

一斉配信メッセージは、日時指定をせずに送ってしまうと即時配信になり、取り返しがつきません。配信前に、日時指定が正しいか、誤字脱字、個人情報漏洩、告知内容の記載もれがないかなど、厳しくチェックする習慣を付けましょう。コピペを使う人は特に注意が必要です。さらに、ユーザーへ一斉配信する前に、自分の個人アカウントを友だちに入れておき、正常に配信されるかテストしてみましょう。

＊チャット（旧1対1トーク）

一度でもユーザーからメッセージが届けば、管理画面の「チャット」メニューから1対1でトークができるようになります。

やり方は、管理画面トップの「設定」→「応答設定」を選択し、「応答モード」の「チャット」にチェックを入れます。**Ｂｏｔ（自動応答）が選択されていたら、1対1トークは使えません**が、「あいさつメッセージ」は、「オン」でも大丈夫です。

そして、管理画面トップの「チャット」を押し、友だち一覧から該当者を選択します。未読メッセージがあるユーザーには、リストに緑色のマークが付きます。また、検索バー

チャット画像

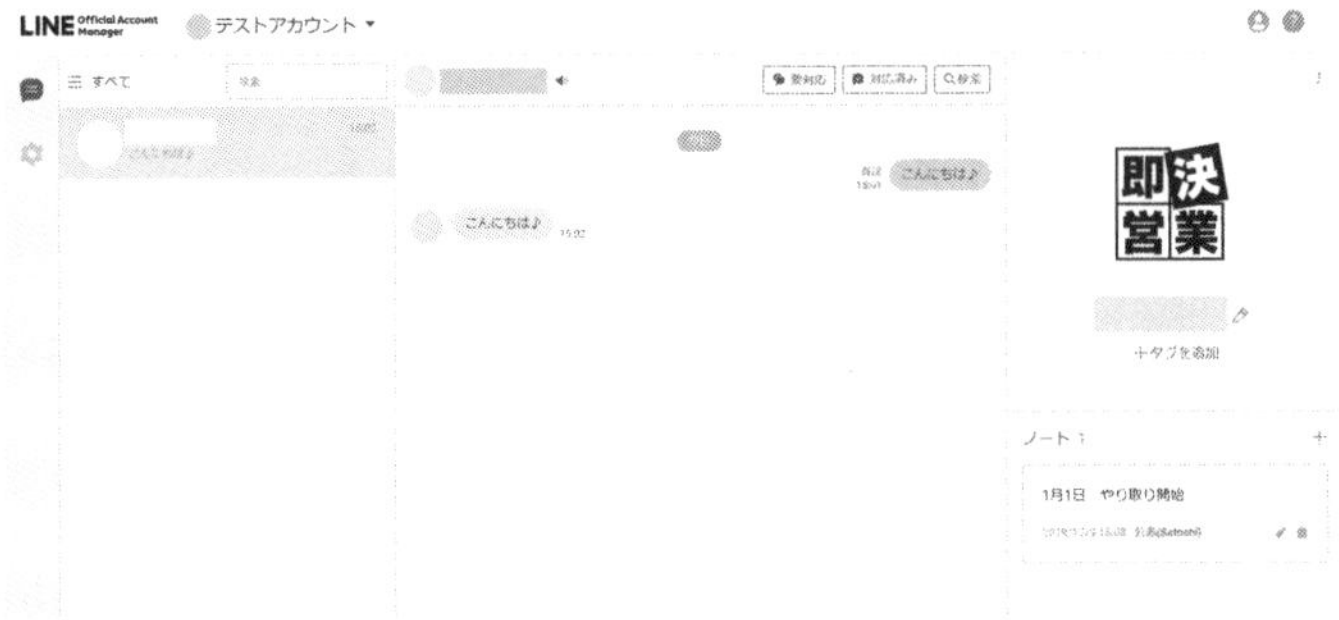

チャットリスト振り分け画像

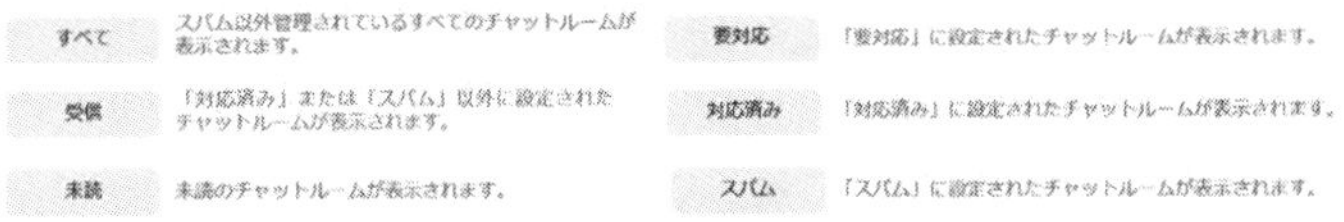

すべて	スパム以外管理されているすべてのチャットルームが表示されます。	要対応	「要対応」に設定されたチャットルームが表示されます。
受信	「対応済み」または「スパム」以外に設定されたチャットルームが表示されます。	対応済み	「対応済み」に設定されたチャットルームが表示されます。
未読	未読のチャットルームが表示されます。	スパム	「スパム」に設定されたチャットルームが表示されます。

にＬＩＮＥのユーザーネームを入れると、該当者だけが表示されます。

　ユーザーとのチャットルームが開いたら、下部ウィンドウからメッセージを入力し、間違いがないかチェックしてから送信します。テキストだけではなく、スタンプや画像、動画の送信も可能です。ＬＩＮＥ同様、ユーザーがメッセージを見ると「既読」マークがつきます。

　対応が終わったチャットは「対応済み」、終わっていなければ「要対応」にします。それぞれ、「対応済み」リスト、「要対応」リストに振り分けられ、管理がしやすくなります。

　他にも、上の「チャットリスト振り分け」画像のような振り分けができます。

なお、チャットのやり取りは、メッセージの送信数にはカウントされませんので、料金に影響することはありません。ユーザーの心を開くためにも、ユーザーからの問いかけには、誠意をもってこまめに返信するようにしましょう。

＊プロフィールについて

「プロフィール」とは、ＬＩＮＥ内でＨＰの役割を果たす、企業やブランドの情報を掲載できるページです。以前は「アカウントページ」という名称でしたが、ＬＩＮＥ＠とＬＩＮＥ公式アカウントとの統合に伴い、「プロフィール」という名称に変更されました。ユーザーが公式アカウントリストや友だちリストから、あなたのアカウントを選択すると、詳細ページとしてプロフィールが表示されます。あなたのアカウントに興味を持ったユーザーが見に来るページですので、ユーザーの心を動かすキャッチコピーや、割引クーポンの入手方法など、**行動を喚起するような情報を載せておきましょう**。

（紹介文の例）

「トーク画面から『プレゼント希望』と送ってみてね！　初回限定15％引きクーポンがもらえるよ♪」

「ダイエットの一言アドバイス、随時受付中です♪　気軽にトークで相談してね！」

プロフィール基本情報設定

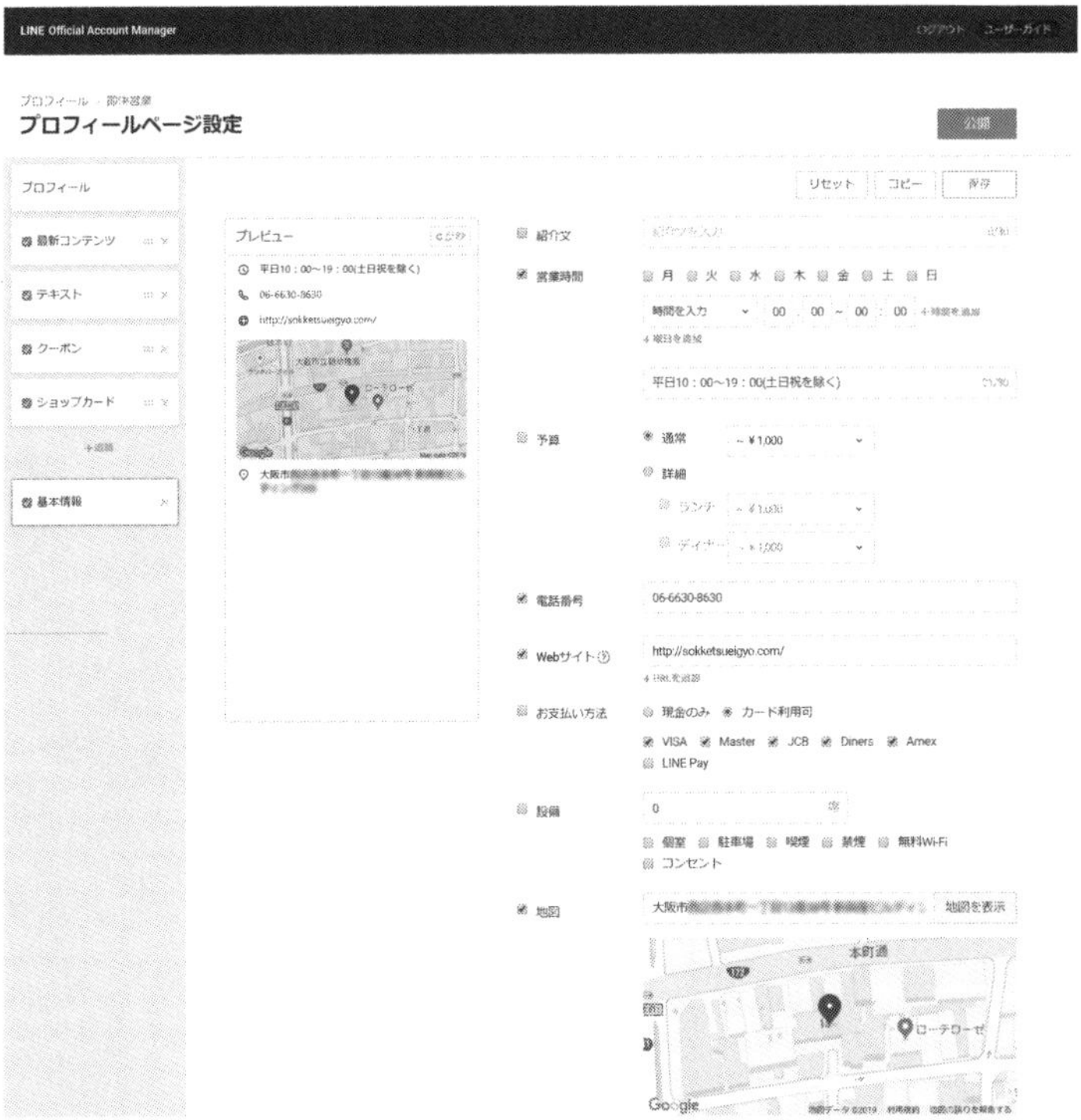

プロフィールは、管理画面の上段メニュー「プロフィール」から設定できます。

左メニュー「＋追加」→「プラグインを選択」→「基本情報」にチェックを入れて「OK」を押すと、設定画面が開きます。開いたら、「紹介文」や「営業時間」、「電話番号」、「地図」など、必要な項目を選んでそれぞれの内容を入力します。

そして、プロフィール画面に反映したい情報にチェックを入れます。チェックを入れた中から、以下の順で反映されます。順番の変更はできません。

・紹介文
・営業時間
・予算
・電話番号
・Ｗｅｂサイト
・住所、地図

最後に、プレビュー画面を確認し、「保存」を押します。

次は「プロフィール」を押して、「ボタン」を設定します。「トーク」は必須で、その他「投稿」「通話」「クーポン」などのボタンを任意で追加できます。ボタンはプロフィー

プロフィール設定画像

ル画面の、ステータスメッセージの下と、画面下部のフローティングバーにも表示されます。

「バーの色」は、会社のイメージカラーに合ったものを選びましょう。

以上のプロフィール設定が完了したら、「公開」を押します。なお、アカウント開設時は「非公開」に設定されています。**「公開」にすると、アカウントがLINEアプリ内から検索できる**ようになります。

＊タイムライン

タイムラインは、Facebookや Instagramなどと同様の投稿スペースです。友だち以外のユーザーにも情報発信ができ、投稿内容に対して「いいね！」や「コメント」を受け取ることができます。

「いいね！」でユーザーの関心度を測ったり、コメントでユーザーとコミュニケーションを取ってみましょう。

投稿手順は、まず227ページの管理画面から上部メニューの「ホーム」を押して、左メニューの「タイムライン」→「投稿を作成」を押します。そして、「投稿日時」を入力するか、もしくは「今すぐ投稿」を選択します。投稿ウィンドウに記事を入力し、画像をアップロードし、最後に「投稿」を押します。

もしくは、友だちに一斉配信メッセージを送る際に、「高度な設定」の欄から「タイムラインに投稿する」にチェックを入れておけば、一斉配信と同じ内容がタイムラインに自動投稿されます。なお、投稿した情報に対しては、「設定」→「タイムライン設定」から以下3つの設定を選べます。

・「いいね」とコメントを受け付ける
・「いいね」のみ受け付ける
・「いいね」とコメントを受け付けない

コメントをいちいち返せないという方は、「いいねのみ受け付ける」を選択しておきましょう。

あなたの投稿に対して、友だちのユーザーが「いいね！」を押してくれたら、投稿がそのユーザーの友達にも表示されるので、情報拡散の効果があります。「気に入ったらいいねを押してね！」など、投稿で「いいね訴求」をしてみましょう。

＊リッチメニュー

これは少し応用編になりますが、マーケティング効果が高い機能ですので、ぜひ挑戦してみてください。リッチメニューとは、公式アカウントのトーク画面下部に表示される固定のメニューです。最大６分割が可能で、それぞれ５種類のアクションを当てはめることができます。

リッチメニューが押されれば、外部サイトへの誘導や、事前に設定したテキストの送信、吹き出し設定等が可能です。通常のテキストよりもユーザーの目を引きやすく、複数の導線を用意できるなどのメリットがあります。

管理画面の左側メニューから「リッチメニュー」を選択します。右上の「作成」を押して、新規作成画面を開きます。

設定は、項目ごとに行っていきます。

・タイトル
↓管理用なのでユーザーには非表示
・ステータス
↓リッチメニューを表示する場合「オン」
・表示期間
↓「オン」の場合に設定
・メニューバーのテキスト
↓「クーポンGET！」など変更が可能
・メニューのデフォルト表示
↓「表示する」で、メニューバー＋メニューが表示
↓「表示しない」でメニューバーのみ表示（バーを押せばメニューが開く）

次に、コンテンツ設定の「テンプレートを選択」を押して、テンプレートを選びます。テンプレートには大と小があり、大が最大6分割、小が横長の3分割です。そして、テンプレートに合わせた1枚絵を作成します。テ

3分割のリッチメニューの例

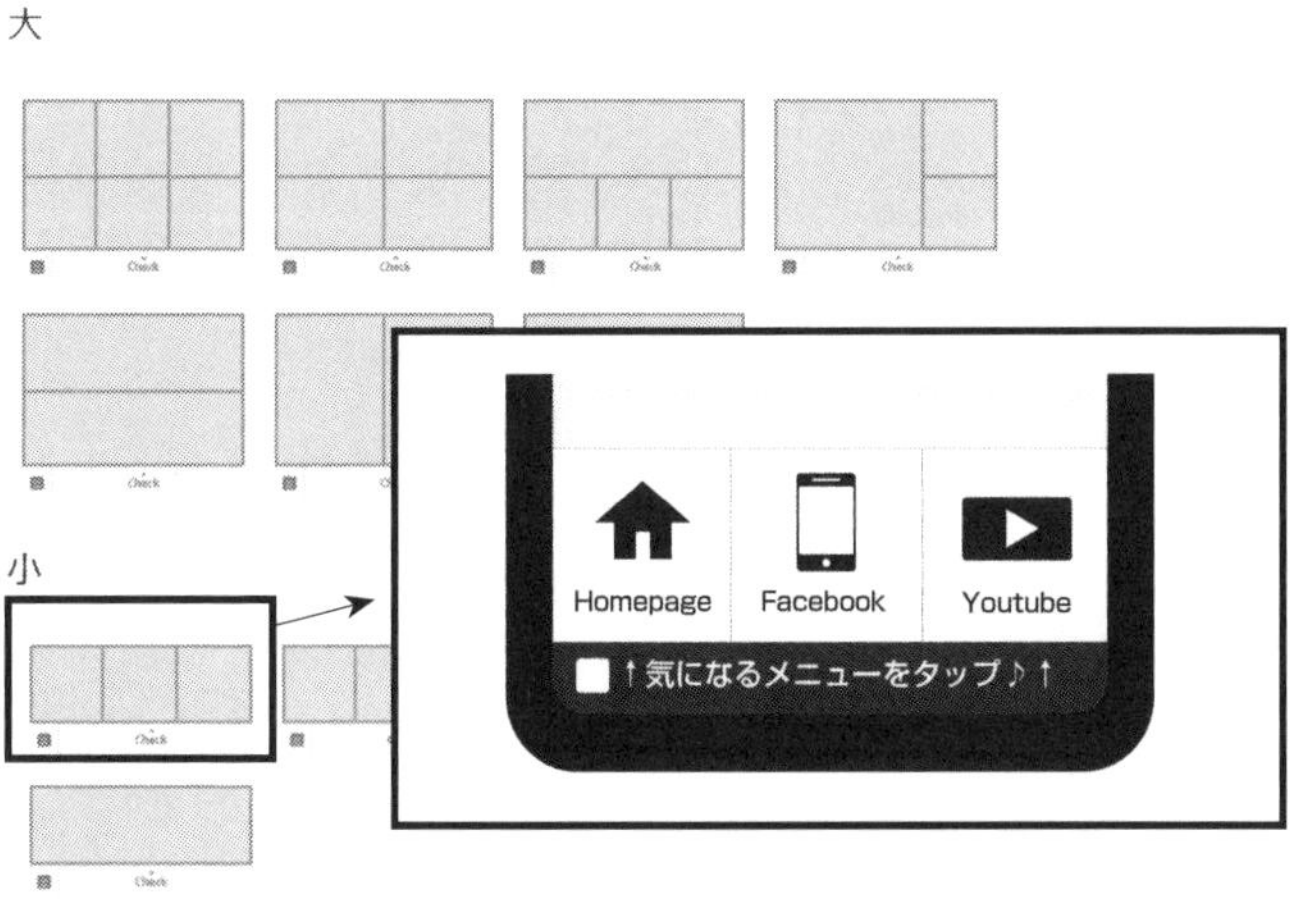

ンプレートが**6分割でも3分割でも使用できる画像は1枚**です。テンプレートの区切りに当てはめて、デザイン上で6分割や3分割に見える1枚絵を作成します。

上記のような1枚絵を作成し、3分割のテンプレートに当てはめれば、該当するエリアを押したユーザーをそれぞれのSNSに飛ばす設定が可能です。なお、使用できる画像のピクセル数は次の通りです。完全に一致させる必要があります。

「大」 2500×1686ピクセル
1200×810ピクセル（推奨）
800×540ピクセル

「小」 2500×843ピクセル
1200×405ピクセル（推奨）
800×270ピクセル

右側の「デザインガイド」を押すと、サイズテンプレートのダウンロードができます。画像作成が苦手な方は、最初は分割されていないテンプレートを使用しましょう。

テンプレートの枠ごとに、アクションの「タイプ」を設定します。「クーポン」「テキスト」「URL」「設定しない」「ショップカード」を選択することができます。クーポンとショップカードは、あらかじめ管理画面から作成しておきましょう。「設定しない」を選択すると、画像として表示されるだけになります。

アクションラベルは読み上げ機能に使われます。表示される場合は入力必須です。リンク先の概要や、クーポンの内容を簡単に入力しておきましょう。

(例)

「お問い合わせはこちら」

選択したタイプに従って内容を入力すれば、リッチメニューの作成が完了します。

(リッチメニュー使用例)

・新商品案内

・クーポン
・セミナー申し込み
・予約
・採用情報
・公式サイト
・よくあるご質問
・お問い合わせ
・資料請求
・地図
・ショップカード
・アンケート
・診断

なお、リッチメニューはトーク画面の下部を覆ってしまうため、トーク画面が通常より狭く見えます。ですから、重要な一斉メッセージなどを配信するときは、管理画面からリッチメニューを一時的に非表示にしておけば、ユーザーをメッセージだけに集中させることができます。一画面の中に、例えば6つのリッチメニューとメッセージなど、多くの情報が並ぶとユーザーは混乱してしまうのです。

ここまで設定できたら、あとは他のSNSやイベントで、LINE公式アカウントへの友だち登録を促していきましょう。

もしリッチメニューなどが設定できなくても、難しいことは後回しにして、とにかく運用してみてください。一度でもユーザーからのトークが発生すれば、あとは個人LINEとほぼ同様にやりとりができます。ユーザーと1対1でチャットを行いながら質問や悩みを引き出し、電話でのヒヤリングやアンケート、カウンセリングを提案して、電話番号と本名を聞き出してください。

基本的なスタンスは、「電話でお話させてください」ではなく、「もしよかったら、電話で相談に乗りましょうか?」です。これがテレアポの成功に結び付きます。

あとはアポインターの出番で、アポ入れの電話をかけていくだけです。

コツは、電話カウンセリングだけでユーザーを満足させるのではなく、「対面ならもっと詳しい情報をお伝えできますよ」と誘導することです。ＬＩＮＥ公式アカウントで出会えたユーザーは、有力な見込み客になります。ユーザーにとって有益な情報の一斉配信や、１対１チャットを通して、大切に育てていきましょう。

最後はメッセージでしめさせてください。営業は素晴らしい職業です。

おわりに
どんな人でも、契約率50％以上につながるアポが取れます！

以上、最強のＷｅｂマーケティング法、テレアポ法、クロージング法についてお伝えしてきました。あなたのマーケティング導線と、テレアポの基本型がイメージできたでしょうか？

これまでただ漠然とテレアポを行っていたとしたら、やってもやっても報われないという気持ちだったかもしれません。でもこれからは、本書で紹介したノウハウが、きっと救世主になるはずです。

なぜなら、「あなたの商品に興味のある人を集めるための導線」と、「人の心を動かすための具体的なメソッド」という、最強のアポインターに必要な武器が２つ同時に手に入ったからです。

この武器を活用すれば、ピンチさえもチャンスに変えて成功することができます。

実際、弊社の契約率は経験３年以上の営業になると70％以上が当たり前、新人を含む平均でも50％以上を誇ることは、弊社の統計データをすべてさらしてお伝えしました。

ここで「はじめに」で少し書いた「契約だけが営業なのか？」という問いにお答えします。このような人は、営業が「問題解決業」であることをわかっていないように思います。

繰り返しますが、そもそも営業とは、商品によって、お客様の悩みや問題を解決できる「問題解決業」です。もしあなたが医者なら、いくら嫌がられても、目の前で苦しんでいる患者を放置したり、必要な治療を怠ったりしないでしょう。医者が役割を放棄したら大変なことになるからです。

あなたが営業なら、問題解決のために「商品を売る」という役割を果たすことが、結局はお客様のためになります。それに対して、お客様から得られるものは、好意ではなく商品代金だけです。扱っている商品がブラック商品や違法商品ならともかく、営業が最優先すべき目的は「商品を売ること」。これを頭に入れておくだけで、あなたのレベルはぐんとアップするはずです。

そして、あなたがアポインターなら、全力を尽くして商談を行う営業に、最上のパスをつなぎましょう。

私は胸を張って言います。営業は素晴らしい職業だと。

本書があなたの営業術の「コスパ」を高めてくれることを祈って、筆を置きたいと思います。

2020年1月吉日

堀口龍介

※本特典はLINEアプリのインストールが前提にあるため、
スマートフォンの保有が必要です。予めご了承ください。

3つの特典を今すぐGETしてください！

書籍購入者限定の3大特典の内容とは？

100種以上の
テンプレート集から
7種を厳選！

即決営業テンプレート7種

東証一部上場企業が
大満足した、
即決営業の研修内容が
あなたの手に！

即決営業企業研修音声データ48分

「こんなに効果が
あるなら、もっと早く
相談したかった！」
と、喜びの声が殺到！

営業お悩み相談スペシャル券（30分〜）

10秒で完了！公式LINEに登録するだけで営業力を劇的にUPする特典が手に入ります！

即決営業公式LINEに無料登録し
『即アポ』とコメントしてください！

IDで無料登録をされる場合は「@sokketsu」と検索
（@をお忘れなく）

各業界の企業さまが、即決営業のテンプレートとメソッドを用い、
企業研修を導入されて営業部の成約率が大幅にアップしています！

＼実際に体験された方々の声／

結論から言うと契約率が一気に上がりました。私は新卒2年目で、ちょうど同行から単独で営業に出るタイミングでしたが、テンプレートを使い、教わったことそのままやって、すぱすぱ契約が決まるようになり、本当にありがたいです。

（20代　会社員）

それまで比較的、成約率が低かった社員が即決営業のテンプレートを使った結果、5件を受注100%で決めてきました。
売り上げもすでに1千万以上は上がったので1億円以上の価値がある内容だと思っております！

（30代　会社員）

まったく契約を取れていなかった社員が、今は平均1日1件以上の契約をあげています。別支店のトップセールスに追いつくほどの成果を出しているので、それが非常にありがたいです。
値段がつけられないほどなので、ぜひ受けるべきだと思います！

（40代　会社員）

行動を起こしたあなたに、私が責任をもって、
営業力アップ させて頂きます！
公式LINEであなたとお話できる事を楽しみにしています！

株式会社即決営業 代表取締役　堀口 龍介

この特典は、即決営業年間企業研修で実際に使用しているテンプレートや動画などの一部を、サンプル化したものです。特典の提供・運営は株式会社即決営業が行っております。書店・図書館とは一切関係がありません。お問合せ先：06-6630-8630 公式HP：sokketsueigyo.com
また、特典の提供は予告なく終了することがございます。あらかじめ、ご了承ください。

堀口龍介（ほりぐち・りゅうすけ）

株式会社即決営業 代表。セールストーク分析の“鬼”。

1976年大阪生まれ。訪問販売の最大手に入社し、その翌年にセールスマン1000人以上のなかで年間個人売上1位の成績を収める。その後、営業会社を渡り歩き、在籍した3つの会社すべてで年間個人売上１位を記録し独立、29歳で営業会社を起業。初年度から年商2億7000万円を売り上げるものの、2010年、特定商取引法の改正による影響で売上が急落。スタッフの不満が顕在化し、社員50人の前で“土下座”をする「どん底」を味わう。

しかし以降、「人材育成のためには、自分が感覚でやってきた営業術をメソッド化しなければいけない」とデータ分析を本格的に開始。試行錯誤の末に確立したメソッドを、社員に浸透させたことで、業績は見事V字回復。京都や東京に拠点を広げ、数年後にはグループ売上年商5億円を突破した。指導した人数は延べ3万人を超え、年収1000万円以上のトップ営業を多数輩出。

「即アポ」メソッドは、2011年から計6万時間以上の通話を録音＆分析し、誕生。データ分析は今この瞬間も、AIと人間により行われており、「即決営業」メソッドの進化は止むことがない。

○執筆協力　森裕也、芝原未来
○編集協力　大西夏奈子
○企画協力　二木拓磨
○装丁　安賀裕子
○校正　本創ひとみ

【契約率 76.2%】営業・即アポ
6万5026時間の会話分析からわかった！

2020年1月17日　初版発行
2023年5月12日　5刷発行

著者　堀口龍介
発行者　和田智明
発行所　株式会社 ぱる出版

〒160-0011　東京都新宿区若葉1-9-16
03（3353）2835—代表　03（3353）2826—FAX
03（3353）3679—編集
振替　東京 00100-3-131586
印刷・製本　中央精版印刷(株)

ISBN978-4-8272-1214-3 C0034